少女時代
民國才女的
項靜——著

少女革命

題記
在少女們身邊

少女的美是不可方物的，尤其是在文學家的筆下。在舉世爭議的小說《洛麗塔》（Lolita）中，杭伯特（Humbert Humbert）教授最後一次見到少女洛麗塔：

我望著她，望了又望，
一生一世，全心全意，
昔日如花妖女，現在只剩枯葉還鄉，
蒼白、臃腫、混俗，
腹中的骨肉是別人的，

但我愛她，她是我今生最愛的人，
我肯定，就像自己最終會死去一樣肯定，
她可以褪色，可以萎謝，
怎樣都可以，
但我只要看她一眼，萬般柔情湧上心頭。

小說改編成電影，杭伯特教授失去洛麗塔後，在影片的結尾是他一個人的獨白：

當時我耳際響起的……是一片兒童的歡笑聲，令我心灰意冷的……不是身邊沒有洛麗塔，是歡笑聲裡沒有她。

這是這是文學中少女的一個極致形象了，這位叫做洛麗塔的少女形象已經超越了具體的形象，她是一個兼具爭議和極致美的象徵，她輕盈地越過一切人為設置的路障，她是男性視域下一切靈感和美的源泉，是萬般柔情和無底深淵。女性視角下的少女形象要豐富和充實得多。少女的確是美的，但是美不是全部，女性作家對少女的塑造往往帶有自傳傾向，這種自傳傾向就是美國作家亨利・米勒所說的，它不是真實和臆造的混合，而是真實的擴展和深化。它比日記更可靠，也更誠懇。這要求作者必須敘述事實，那只是一種淺薄的真實性，自傳體小說是作者的感情、思考和理解的真實性，是消化了的並吸收了的真實性。它是作者同時在所有的層次揭示自己。這些女性作家講述的少女故事就多了一份生動和親切，所以廬隱、馮沅君、冰心、張愛玲等女作家筆下的少女形象與魯迅、沈從文、汪曾祺、戴望舒等等作家筆下的少女有著明顯的分野。

無論以哪種眼光來看，在青春的神話裡，少女以其年少活力，都是希望和未來之光，梁啟超喑啞黯淡的時代創作過一篇〈少年中國〉，正是藉著這些年輕的力量他才能豪情萬丈：

> 故今日之責任，不在他人，而全在我少年。少年智則國智，少年富則國富，少年強則國強，少年獨立則國獨立，少年自由則國自由，少年進步則國進步，少年勝於歐洲，則國勝於歐洲，少年雄於地球，則國雄於地球。

囿於時代的局限，梁啟超所指的少年沒有特別指明性別，女性應該包括在內，梁啟超歷來反對女子為男子之奴隸，厭惡女子無足輕重的觀念，主張對女子實施教育引導，他認為女子不受教育不利於國家、民族的發展，造成國家的積弱，「婦學實天下存亡強弱之大原也」。他認為中國積弱的根本原因在於婦女的沒有知識，缺乏教育，不利於經濟發展，婦女無教育，靠他人供養，這就減少了就業的機會，失業者多，社會負擔重，不利於婦女身心健康，婦女無知識，不懂得體育、衛生、心理常識。

梁啟超對於男女平等是身體力行的，他對自己的四個女兒一視同仁，尊重她們的個人意見，培養她們的興趣愛好，四個女兒都學有所長。梁啟超特別尊重兒女的獨立思想，儘管他們只是少男少女，兒子梁思成與名士林長民的女兒林徽因年紀相當，家世背景匹配，然而在婚姻問題上，固然他和林長民希望結成親家，但是他們表達了自己的意見後，還是把決定權交給年輕人自己。那一年梁思成十八歲，林徽因十五歲，我們都知道後來林徽因選擇了梁思成，他們的故事有眾多的後續演繹，而最初的美好依然還在那裡。林徽因是民國時期的一個美麗傳奇，從少女時代就是，年少的小姐跟隨父親旅途奔波是一種開放，也是一種幸運，在大多數女孩子還被關在只看得到四角天空的院子的時代，不是誰都有這種機會的。林徽因最大的幸運也許可以說她有一個開通的父親，同時代的女孩子以生命的代價抗爭的不過是專制的父親，林徽因的父親卻是女兒的第一個導師，他極為重視對這個女兒的培養，一九二〇年春天林長民赴歐洲考察西方憲制，特意攜林徽因同行，他在行前致林徽因信中說：

我此次遠遊攜汝同行。第一要汝多觀察諸國事物增長見識。第二要汝近我身邊能領悟我的胸次懷抱……第三要汝暫時離去家庭煩瑣生活，俾得擴大眼光，養成將來改良社會的見解與能力。

在旅居英國將近兩年的日子裡林徽因異常寂寞，尤其是父親去歐洲大陸開會的時候。異鄉天涯，她這樣回憶那時情景：

我獨自坐在一間頂大的書房裡看雨，那是英國的不斷的雨。我爸爸到瑞士國聯開會去，我能在樓上能嗅到頂下層樓下廚房裡炸牛腰子同洋鹹肉。到晚上又是在頂大的飯廳裡（點著一盞頂暗的燈）獨自坐著（垂著兩條不著地腿同剛剛垂肩的髮辮），一個人吃飯，一面咬著手指頭哭——悶到實在不能不哭！。

這孤獨寂寞的少女被父親賦予去改良社會的責任，所以她不會是陸小曼，不會被愛情衝昏頭腦，她無論如何都在一條可以看得到燈塔的大道上，她有節制的任性，她愛優雅勝過歡愉，她思慮甚於決斷，於是也走在一條繼續孤獨的路上，即使她功德圓滿，名利雙收，人人稱羨，可是總有遺憾。有人說林徽因這一生不愛任何男人，她只愛自己，或許這句話是對的，因為這個所謂的自己，已經超越了一個人的範疇，在一個群情激動的時段裡，個體再怎麼說都有點促狹的味道。

在後世仰慕者看來，林徽因是一個美麗的傳奇，是一個不可複製的神話，不過她始終屬於一個生她養她的民國時代，那個時代的駁雜繁複都有絲絲縷縷連接在她身上。由她身上眾多的可想像空間，由她牽連出來的種種關係，我們可以去想像一個時代，描繪一段生活，講述一些故事。這樣講故事最大的好處就是有始無終，千條萬縷，歸結不出一些井然有序的條框。所謂大時代，從來都不是只有一個面向，它有無數種可能性，少女可能是一個方便的觸手，帶領我們打開一扇走進民國時代的窗子。這個時代因為女性解放，眾多女孩子的形象出現在文學、歷史、電影或者市民的風言風語中，她們從各自不同的地方出發，經過命運的選擇和洗禮，她們大多數都到達文化中心的北京或者上海，遇到一起，或者沒有相遇，唯一相同的是，她們曾仰望過一樣的藍天，呼吸過一樣的空氣。

一個時代可以說大也可以說小，它的大，往往表現為後人對它的徬徨無措，它的屬性難以描述，它的故事難以盡述，而它的小，就在於它的特徵往往由一些作為時代風向球的人物表徵出來，而這些人物的關係又是盤根錯節，鬆散地綴連在一起，卻也難以清楚地切分。民國時代的這些少女們，大部分都是時代的佼佼者，她們中的很多人都是文學家，自己去講述自己和時代的故事，事關時代的事情，或許可以不必細究，因為有諸多的旁證和眾口；事關自己，卻難免有些細究的理由，那是理解時代細枝末節的微血管。除了這些佼佼者，當然還有像《尋找巴金的黛莉》中那個黛莉的女孩，《一個民國少女的日記》中寫日記的文樹新，走在抗戰路上的那些少男少女，汪曾祺筆下的小瑛子等等，她們不是主流，不是媒體的封面女郎，她們或許可以稱作非典型的女孩，但這種非典型或許更接近那個時代的平凡真實。這些女孩子的形象讓一個時代的故事朝著縱深的方向發展，可以瞭解當時當地非知識精英階層的生活，非政治經濟文化權力的中心的地情資料。

本書是一些民國時代少女的故事，這些散落在歷史角落裡的人和事說起來都有一些傳奇的色彩，很難再複製，這是一些給人溫暖的往事，記憶是一個後人傾情的方式，可以不讓她們飄散在風裡。

目次

003 題記 在少女們身邊
013 謝冰瑩與胡蘭畦——兩個女兵
023 白 光與潘柳黛——如果沒有你
031 鄭蘋如與關 露——不能說的秘密
041 唐 瑛與陸小曼——物質女孩或IT Girls
049 丁 玲與王劍虹——沙菲女士們
061 廬 隱與石評梅——女兒國的夢
071 馮沅君——出走的娜拉

079 蕭紅——夢開始的地方
091 楊沫——那時花開
103 冰心——持燈的使者
117 艾霞——香消玉散記
127 張愛玲——少女心經
137 文樹新——一個少女的日記
147 巴金——巴金的黛莉
157 魯迅——在少女們身邊
167 沈從文——永遠的十五歲
177 孫犁——那些青春的面龐
189 汪曾祺——高郵的小英子
199 戴望舒——雨巷裡的丁香姑娘
213 後記

兩個女兵

謝冰瑩與胡蘭畦

風起雲湧的時代總會誕生不走尋常路的女子，儘管大多數民國的女子們還是藏在深閨人未知，但總有些早起的鳥兒，已經聞到了時變的先聲，她們反抗家長制，走出家門衝到了馬路上，她們步入新學堂，出入摩登世界，要和男人們的世界「費厄潑賴」（fair play）起來。如果有一幅民國時期少女群像的話，謝冰瑩憑藉〈從軍日記〉是一定要入圍的，她居然走入軍營當兵了。古今未有事，都赴今朝來，女人名正言順地當兵在歷史上也是開先河的大事。

謝冰瑩自童年時代起個性剛烈，有夜雨談兵、春風說劍的風骨。從讀書開始輾轉流離，四處奔波；在最好的年華，入行伍，踏征途，戰地玫瑰芬芳凜冽。而與之有一字之差的謝婉瑩（冰心）則婉麗溫柔多了，由於後者在文學史上的地位和作品的廣為傳播，幾乎婦孺皆知，而謝冰瑩在建國前遷居臺灣，後移居美國，在大陸遂漸漸湮沒不聞，以致很多對歷史不太清楚的人經常張冠李戴。

歷史的長河浮沉不定，留予誰去訴說！

一九〇六年，湖南新化大同鎮謝鐸山一個富裕人家有一個姑娘出生了，父母已經有了三子一女，又多一個女兒取名叫作鳴崗，字鳳寶，足見父母期望與愛惜之意。中國一般地主家庭都是耕讀傳家，既有田產，又培養子弟讀書博取功名，即使在取消科考之後，男人們讀書也是天經地義的事，謝家就是典型的耕讀之家。父親熟讀四書五經，尊崇宋儒之學，曾考中舉人，後為新化縣立中學校長；母親則是聰明絕頂，個性強悍，堅強能幹的持家女性。在這樣的家庭中成長，謝冰瑩一方面飽讀詩書，另一方面也感到了強烈的壓制，母親暴戾的性格，使得少女謝冰瑩處處感覺到家庭的桎梏。

謝冰瑩的童年時代也有一段黃金時光。在鄉村的花園裡，不同季節有不同的花：帶刺的玫瑰、鮮紅的薔薇，開得滿園燦爛；柚子、柑子、櫻桃、李子、桃子、枇杷……什麼果樹都有，翠竹和蒼松特別多，黃鶯兒整天啼個不停，這美麗的花園帶給了花樣年華的少女多少快樂和希望！況且還有讀書聲，父親晚間在菜油燈下教哥哥讀古文，教謝冰瑩吟詩，母親和嫂嫂紡紗，吟詩聲和紡紗聲連成一片，合奏著一曲田園牧歌。

這曲牧歌沒有唱很長時間就嘎然而止了。在八、九歲的年紀，為了規訓她過於叛逆的性格，嚴厲的母親讓她去採茶、紡紗，謝冰瑩在勞動中見到了很多命運悲慘的童養媳，她們被迫勞作，懾於婆婆的權威，處處擔驚受怕，而逼著她裹腳，更是讓她苦不堪言。不過在讀書的問題上，謝冰瑩勝利了，她用生命抗爭，父母終於同意她出門讀書，讀書打開了一條通往外部世界的路。謝冰瑩的叛逆剛烈的性格也越來越明顯，在教會學校不參加禮拜，不相信上帝，參加抗日學潮，而被學校開除，不得以轉而投考長沙省立第一女師。正是在這所學校，謝冰瑩從校長徐特立那裡得到了個性解放的啟蒙，學校豐富的新文藝藏書，薰陶了她的藝術細胞，確立了她人格的雛形：

> 我討厭林黛玉的哭，更討厭賈寶玉那種傻頭傻腦，整天只知道和女孩子鬼混的典型；我佩服《水滸》上所描寫的英雄好漢，她們那種勇敢狹義的精神，給了我後來從軍的許多影響。

謝冰瑩的第一篇小說〈剎那的印象〉就是在女師二年級時發表的，小說的內容是自己和同學去一個同鄉家裡吃飯的故事。女主人是一個師長太太，剛買來一個十三歲的小丫頭，她命令她走路給眾人看，並讓大家品評小丫頭的一舉一動的姿勢。謝冰瑩第一次就發出了對不人道的斥責，勇敢狹義的少女形象躍然紙上。這篇小說發在《大公報》上，編輯是李抱一，謝冰瑩當時用的筆名是「閒事」。

一九二六年，謝冰瑩從第一女師畢業，為逃避封建婚姻，尋求美好未來，她多方努力考入了武漢中央軍事政治學校（即武漢黃埔分校）第六期，過上了現代女士兵的生活，經受嚴格的軍事、政治訓練。一九二七年，北伐軍從黃埔分校女生隊中挑選一批人來組織宣傳隊隨軍北上河南，參加西征，謝冰瑩在當選之列。一九二七年五月，她隨葉挺師長率領的討伐楊森、夏斗寅的革命軍西征。途中，她利用行軍、作戰、做群眾工作的間隙，把所見、所聞、所感寫成日記，寄給《中央日報》副刊主編孫伏園先生，這就是她蜚聲中外的成名之作——〈從軍日記〉。孫伏園和林語堂收到她陸續寄來的日記和散記後，十分高興。正像林語堂事後評價的那樣：

我們讀到這些文章時，只看見一位年輕女子，身穿軍裝，足著草鞋，在晨光熹微的沙場上，拿一支自來水筆，靠著膝上振臂直書，不暇改竄，戎馬倥傯，束裝待發的情景；或是聽見在洞庭湖上，笑聲與河流相和應，在遠地軍歌及近旁鼾睡聲中，一位蓬頭垢面的女兵，手不停筆，鋒發韻流地寫敘她的感觸。

謝冰瑩的日記和散記樸實無華，是未經雕琢的最自然的作品，真實地反映了那個偉大時代裡青年的愛國犧牲精神和當時人民苦難以及擁護革命的熱情，孫伏園便在他主編的《中央日報》副刊上公開發表。從一九二七年五月二十四日刊出第一篇。

謝冰瑩她紀錄下了她們的瑰麗身影，炮火連天的火線上，女生隊的學員緊跟作戰的男學員部隊，投入了緊張的搶救傷員的工作。她們個個勇敢，不顧子彈在頭上尖嘯，把受傷的戰友抬下火線，熱情地為他們包紮、換藥、餵藥。女士兵們背著數十斤重的軍人行李：飯盒、水壺、糧食、包袱、菜箱，每天在炎天烈日之下爬山越嶺，行走在崎嶇不平的山路上。汗珠潤濕了每根頭髮，由頭髮上如貫珠般掉下。臉蛋曬得紅紫發燒，白皮時脫。腿兒雖跑得酸痛交加，但終無一人落後，終無一人叫苦。她們以草地為鋪板，渴時便蹲下池邊田裡，以手代杯掬飲髒水，餓時便買幾個銅板的麥粑充饑。

〈從軍日記〉一發表，立即轟動了當時文壇，緊接著便有法、俄、日、朝鮮等文的版本問世，於是女兵謝冰瑩名揚天下。一九三〇年八月，法國著名的《小巴黎人日報》（*Le Petit Parisien*）在頭版顯著位置發表了題為〈參加中國革命的一個女孩子〉的評論文章，詳細地介紹此文內容。法國大作家羅曼・羅蘭曾向謝冰瑩致函，表示敬意和祝賀。羅曼・羅蘭稱讚她是「努力奮鬥的新女性」，鼓勵她「不要悲哀，不要消極，不要失望，人類終究是光明的，我們終會得到自由的。」

在這支女生隊中曾出現了許多當時或後來喋血沙場的英雄，如：參加廣州起義而犧牲的游曦、共產黨的女將領胡筠、抗日女英雄趙一曼，前兩位在胡蘭畦的回憶錄裡有不少地方涉及，葉劍英的夫人張瑞華、徐向前的夫人黃傑，當然還有胡蘭畦，她也是一位作家，比謝冰瑩大五歲。胡蘭畦乃明朝開國重臣胡大海之後，自幼具有樸素的革命精神。少年時代曾經紅遍天下，才貌雙全，被《良友》雜誌選為了封面女郎，參加過五四運動，軍閥楊森慕她的姿色，欲討之為妾，被她拒絕。作家茅盾聽女友秦德君轉述此事後，就寫出了他的第一部長篇小說《虹》，書中嬌美而剛毅的女主人公梅行素，便是以胡蘭畦為原型的。後來她留學德國，參加德國共產黨，納粹上臺後被關進監獄，寫了一部《在德國女牢中》，還曾協助何香凝、宋慶齡參與了大量社會活動。幾年後她去了蘇聯，深受蘇聯文豪高爾基（Maxim Gorky）的喜愛。高爾基逝世，史達林（Joseph Stalin）等人抬棺，胡蘭畦執紼，遂名揚世界。但由於跟王明有矛盾，受到蘇聯國家安全委員會（KGB）的監視，於一九三六年回國，擔任何香凝的秘書。

據認識她的人回憶，胡蘭畦很會打扮，安娜西格斯（Anna Seghers）的女兒送給她的《西格斯畫傳》中，有她當年的照片，她穿著回憶中寫到的粉紅色軟緞旗袍，漂亮的盤花鈕扣，滿身織著無數金色蝴蝶，明亮的燈光下稍稍一動，彷彿滿身飛翔著閃閃發光的金蝴蝶……還有寶藍色緞子織大朵白牡丹的旗袍和蘇州織錦緞的錢包等等。

謝冰瑩與胡蘭畦同屬一支隊伍，同是聲名在外的女作家，彼此的文章和回憶錄裡卻沒有交集，當屬怪事一樁。二十年代的中國文壇，女作家也是鳳毛麟角，人生何處不相逢？許廣平的朋友，女詩人陸晶清，交遊廣闊，曾經與兩人都有交往，謝冰瑩到北平後因為距考試還有三個多月，曾和陸晶清輪流主編河北民國日報和陸晶清一同編副刊，結下革命的友誼。胡蘭畦和陸晶清的友誼更是深長，回憶錄裡還有一幀與陸晶清的照片，一九八〇年代遇到陸晶清的學生鄧偉志，仍能歷數陸晶清年輕時代的足跡，足見念念不忘，可想而知，謝冰瑩與胡蘭畦兩人必定是相識的。胡蘭畦的回憶裡有關於軍校解散的描寫：每個學員發了一種中央軍事政治學校武漢分校第六期的畢業文憑，五元國庫券的遣散費。女生隊的同學，一部分遣散，一部分到賀龍、葉挺部隊、四軍軍醫處和教導團，還有少數人送往蘇聯學習。但大部分被迫脫去軍服，換上了旗袍。共產黨員和共青團員自有組織的安排，還是一個整體。不在組織的就像一盤散沙，各奔前程。謝冰瑩就是散沙裡的一員，痛苦地脫下軍裝，遣散回原籍湖南，準備新的戰鬥，為愛情向封建禮教開戰。而胡蘭畦因為較多的社會經歷，投奔何香凝。十年後的一九三七年，後人也只能從謝冰瑩的大事紀中找到也只是兩人的會面記錄。

一九三七年十月二日在霞斐坊拜會何香凝，見沈茲久、胡蘭畦。十月五日，見上海勞動婦女戰地服務團團長胡蘭畦；十月二十二日，與胡蘭畦、胡愈之、蔣先啟聚餐；十一月八日，與胡蘭畦同住東趙家村，草擬「建立士兵寫作指導委員會」的提案。九日，與胡蘭畦到錢家宅，作〈他中了漢奸的毒〉、〈怎樣教育那些不守紀律的士兵〉。十日，邀胡蘭畦給戰地婦女服務團講話。

詩人柳亞子給謝冰瑩寫過一首祝壽詞：「年少俠遊場，兒女情長……」詩句與兩位民國時期的女兵身世都堪稱符合。謝冰瑩在《女兵自傳》中錄取了軍營中的一首奮鬥歌曲：

快快學習，快快操練，努力為民先鋒。推翻封建制，打破戀愛夢；完成國民革命，偉大的女性！

她們最早把革命、進步的價值觀作為愛情的首要選擇，甚至為了革命，要放棄愛情。但是荳蔻年華的謝冰瑩還是和同在軍營的符號相愛了。被軍隊遣散後，謝冰瑩回到故鄉，經歷過四次逃跑，才擺脫了封建婚姻，與符號結合，並生下了愛的結晶——符冰。貧窮和年輕像一副盾牌，擋在激情和奮鬥者的路上，他們兩個因為誤會和敏感，分道揚鑣，直至生命的盡頭，不復相見。

胡蘭畦因愛慕陳毅的詩文與他相識，胡蘭畦的回憶錄有關於陳毅的記錄，在中央軍校女學員生活章，曾列專節「陳仲弘（陳毅）來校」，帶來了丈夫陳夢雲的消息，回憶了陳毅和自己的交往，重點談及胡蘭畦的入黨障礙，因為軍官丈夫的背景，不被共產黨信任，胡蘭畦非常不滿左傾作風。時過境遷，當事人刻意迴避了兩人之間更親密的關係，回憶錄的時間是一九〇一到一九三六年，與陳毅一九三八年初的再次會面。兩人在南昌與胡蘭畦的白首之盟，解放後在上海的尋而未見的經歷都在作者的沉默裡成為歷史的秘密。但倘若愛情存在，文字必定不會隱瞞，關於這次會面，胡蘭畦的感性和愛還是流露出來。

> 這一天，我們的話簡直說不完。一晃，已過了十二點，我們就在黃鶴樓的一家小飯鋪吃飯。陳仲弘喜歡吃回鍋肉和麻辣豆腐，我們就叫了這兩個菜。

對於兩人的戀情，坊間有種種傳說，陳毅在南昌與胡蘭畦遂訂白首之盟。陳毅稟告父母，得到同意。然而組織上卻不同意，新四軍大當家的項英，親自找胡蘭畦談話，說兩人倘若結婚，則胡的黨員身份就暴露了，她這個國民黨的將軍，還是留在國民黨部隊裡，對革命更有貢獻。兩人痛哭而別。陳毅致信胡蘭畦說：

> 馬革裹屍是壯烈犧牲；從容就義是沉默犧牲，為了革命，我們就吃下這杯苦酒吧。假如我們三年內不能結合，就各人自由，互不干涉。

他們的結局是各人自由，互不干涉。解放後，胡蘭畦去上海尋陳毅，陳毅已是新中國的上海市長，出來會面的是副市長潘漢年，他告訴胡，陳已娶妻生子，「你不要再來干擾他」。一九五〇年以後她在北京工業大學找到一份工作，之後她被錯劃成右派。晚景中的胡蘭畦，就是作家劉心武在〈蘭畦之路〉中所描述的：

一九五七年初冬，我十五歲那年，忽然有位婦女出現在我家小廚房門外。我望著她，她也望著我。我不知道她在想什麼，我在想的是：她算襖襖，還是婆婆？她穿著陳舊的衣衫，戴著一頂那個時代流行的八角帽，她臉上儘管有明顯的皺紋，但眼睛很大很亮。

一生在時代浪尖上怕打滾爬的女英雄們，在寧靜安詳的午後時光，在晚年孤獨一人的時刻，在風平浪靜的時代，多少也會懷念這些帶有硝煙味道的個人故事吧，傳奇或故事，會一直流傳。

如果沒有你

白光與潘柳黛

現在說起四十年代上海的歌星，大家都會地想到周璇，周璇因其美麗乖巧，甜美的歌聲成為夜上海的一段柔軟時光，相比而言，以性感和傳奇聞名的白光就沒有那麼容易獲得這麼廣泛的歡迎和喜愛，甚至隨著白光遷居新加坡，名字逐漸不被大眾聞知。白光是中國比較早的電影著名女演員、歌星，與金嗓子周璇、銀嗓子姚莉、低音歌後吳鶯音、電臺女王張露並稱四十年代上海灘的五大歌后，原名史永芬，被人們稱為「一代妖姬」。妖媚的女子在中國語境中，歷來不會獲得廣泛的喜愛，她們是道統人士和家庭婦女們的天敵。

白光一九二一年生於北平市，父親為國民黨愛國名將商震部隊的軍需處長，家庭算是富足。但她的身世經歷中堪稱傳奇，在同齡少女還在未諳世事的年紀，她已經出入藝術圈，學生時代她曾參加北平沙龍劇團，演出過曹禺的名劇《日出》，飾演備受欺凌的小東西，當時和她同臺演出的有張瑞芳（飾陳白露），石揮（飾潘經理）等。後來從演話劇轉而拍攝電影，因見電影院投射機的一道白光而得藝名「白光」。白光先後拍攝過二十多部影片，成名作是《桃李爭春》，和陳雲裳演對手戲一炮而紅。白光自己比較喜歡的影片是《十三號凶宅》。這部影片由中電三廠在北平拍攝，男主角是謝添。白光在片中兼飾四角，過足了戲癮。

另一部使白光更上一層樓的影片是《蕩婦心》，編劇陶秦根據俄國作家托爾斯泰的小說《復活》改編的，少女梅英自幼被父親蔡二毛賣給地主陳老爺作婢女，以抵償拖欠的田租。陳老爺的兒子道生與梅英年紀相若，暗生情愫，互有愛意，並發生關係。陳老爺反對兩人相愛，派其子出國深造法律，並將梅英嫁予他人，梅英含悲逃走，不久獨自一人生下孩子，苦等少爺回來。少爺學成歸來後，梅英帶著孩子去車站迎接，卻看到少爺與其他女人親昵的場面，於是心灰意冷。梅英為躲開傷心之地攜子到城市謀生，卻遇到流氓無賴顧德奎，受到顧德奎欺負，流落風塵，改名華麗。禍不單行的是，剝削她的流氓顧德奎忽然被人暗殺，梅英被視為當然嫌犯，因人痛感人生了無樂趣，她竟也認罪，可是在審判席上，她發現主審即為她孩子的父親道生時，其表弟當了辯護律師，得知梅英的隱衷，決心為她平反。恢復自由後，梅英把孩子交給無緣的舊情人，自行離去。

白光飾演的婢女——中國版的「瑪赫洛娃」豔麗性感，觀眾不僅愛上這個豔麗的女主角，而且因嚴詞拒絕道生的幫忙，為她的倨傲人生添加了光彩，一個自尊自立，又被男人和世界無情踐踏了的不要太多同情的女人。在唱出〈歎十聲〉（黎平作曲、方知作詞）的時候，又透露了妓女過盡千帆的滄桑。看過這部電影的觀眾應該能夠體會側臉的白光那一抹哀怨，儘管難掩性感與迷離的眼神。當年這部影片吸引了眾多的觀眾，還是第一部在香港西片院線上映的華人影片，連香港總督也前往捧場，可見白光的風采一時無人能敵。

白光還有一段出國遊學的經歷，白光年青時曾和李香蘭同拜日本聲樂家三浦環研習聲樂，三浦環是第一位在西方世界獲得聲譽的日本聲樂家，她在日本人表演的第一部歌劇《奧菲歐與尤麗狄茜》（*Orfeo ed Euridice*）中擔綱女主角，並作為帝國劇院專屬女主角活躍在歌劇舞臺上。從一九一四年開始，三浦環先後在德、英、美、義大利等國生活，多次演出並獲得西方世界的認同，尤其是在具有東西方異國情調的歌劇《蝴蝶夫人》（*Madama Butterfly*）中，扮演蝴蝶夫人得到了作曲家普契尼（Giacomo Puccini）的讚賞，彷彿那部作品就是為三浦環而創作的。正是在日本的這段求學經歷，塑造了白光的聲線與唱腔，低沉、拖遝、磁性、挑逗、慵懶、有力無氣、略帶匪氣、肉慾與情慾並存的腔調。

一九四〇年前後，中國經歷著最大的災難，日本開始佔領中國，珍珠港事件之後在孤島中暫時安穩的上海也淪陷了，正如張愛玲所說，時代在破壞中，還有更大的破壞要來。

在這種世事無常的空虛中，尋常小民無人能抵抗，關於未來生活的設想和希望幾乎都是落空的，及時行樂就是日常生活裡最重要的保護色。白光的歌聲就是在這一時間裡征服了上海灘，她那低沉略帶沙啞的嗓音，也成為響亮的招牌，她也幾乎是每片必唱的，夢幻般的歌聲迷住了眾多聽眾，尤其是那把低沉柔又帶慵懶韻味的磁性嗓音確實教歌迷如癡如醉，加上她那一口標準的京片兒，咬字吐詞極富感情，更夾著一種放浪形骸的味道，所謂的放浪形骸，必定是無所畏懼，無所依恃，無所追求，大壓力下的無形，而這正是多少人所尋找的溫柔夢想。據說，當時有人問現在應該演什麼樣的電影給觀眾看？周璇回答：「有教育意義的影片。」白光的答案是：「歌舞片。」白光自然坦蕩性格略見一斑。

戲劇與人生，誰又能分得清楚呢，白光大概是飾演了太多這種性感風塵味道的壞女人角色，從〈蕩婦心〉開始，〈一代妖姬〉、〈玫瑰花開〉、〈雨夜歌聲〉，妖冶性感的形象深入人心，唱了太多撩撥人心的歌曲，尤其是那首〈假正經〉，讓成熟男人蠢蠢欲動的「假正經，假正經，你的眼睛早已經，溜過來，又溜過去，在偷偷地看個不停；難為情，難為情，什麼叫做難為情，想愛我要愛我，你就痛快地表明。」其腔調和唱詞，以至於觀眾總是把她的人生與這些角色聯繫起來，在那個明星與大眾相對隔絕的時代，傳聞與小道消息不脛而走，也就不足為奇了。據說，有一次白光住在一間很豪華的酒店，設備一流，但因為當時是戰時能源短缺，電力不足，每晚到了午夜，升降機便要停止使用。白光作為一個明星，無論拍戲或者在夜總會登臺唱歌，都要過了午夜才能回來，她住在十幾樓，穿著四寸的高跟鞋，登上幾百級樓梯，那豈不是要了她的命？一次，白光把高跟鞋脫下，正在打算咬緊牙關走上樓梯，有一位男士向她打招呼。白光抬頭一看，是酒店的看更，是個五十歲左右滿臉鬍鬚體格魁梧的印度人。白光此時靈機一動，從手袋中拿出一張鈔票塞在印度人手裡，叫他背自己上樓去，此時酒店沒有旁人，那個印度人一聲「Ok」，便彎下腰來，讓白光爬在他背上，一直把她背到房門口。後來印度人居然每晚都是這樣，風雨無阻，後來被遲歸的客人碰見，白光讓印度人背上樓去的秘密便被傳開來了。上海灘的一些男士想一親香澤，竟然去賄賂那個印度人，請他把這個香豔的差使讓出來，可是這個印度人認為這是一件很榮幸的事，無論人家出多少錢，他都搖頭說「No」。

講述這個故事的是白光的好朋友，與張愛玲、蘇青、施濟美並稱上海作家四大才女的潘柳黛。潘柳黛與白光私交最好，是無事不談的閨中密友，她親眼見到和聽到過不少白光的故事，還曾經以白光為原型寫了一部小說《一個女人的傳奇》。當時，潘柳黛也是一個傳奇人物，和白光真算是惺惺相惜，當年，曾有一幅漫畫見諸報刊，題目叫「鋼筆與口紅」，畫的是三位正走紅的上海灘女作家：潘柳黛身上盤曲著一條蛇，這自然是指她人「妖」或是作品的「惑眾」；蘇青是一手挾著書稿一手拎包一副行色匆匆的樣子，指的當然是她一邊寫作一邊當書商；張愛玲則身穿一件古裝短襖，旁邊有一行字，寫著：「奇裝炫人的張愛玲」。可見潘柳黛和白光是有共同性格的人，算是怪異不趨時的人，文字與表演上的妖冶如出一轍。

潘柳黛筆名南宮夫人，她出身於北京一個旗人家庭，受過良好的教育，十八歲時隻身南下到南京報館求職，由謄稿員晉升到採訪記者。後來到十里洋場的上海發展，以直抒胸臆的散文和小說崛起於上海文壇。此君最彪悍的行為是，當年頗受汪精衛政府重視的文人胡蘭成追求張愛玲，寫出〈論張愛玲〉一文，極力吹捧張愛玲的家族身世，張愛玲在上海灘也正如日中天，擁躉甚多，並且與潘柳黛也算是同場中人，抬頭不見低頭見，潘柳黛居然發表一文，戲謔張愛玲的顯赫身世，如同太平洋裡死了一隻雞，上海人在黃浦江裡就喝到雞湯一樣，用語極為刻薄。此事惹得張愛玲很不高興，兩人此後就鮮有交集，至於是不是女人間的嫉妒或者文人相輕，已經沒有再去仔細考察。

《一個女人的傳奇》這部小說中，女主角杜媚，長相嫵媚動人，少女時代開始就是男人們追逐的對象，糊裡糊塗中失身，和有婦之夫過上姘居的生活，被兇惡的大老婆發現後，杜媚利用男人的權勢遠走日本，跟隨三浦環學習聲樂，在日本又和同是留學生的富家子弟戀愛，遭到男方家庭的反對，也被國內供養杜媚的男人知道。戀愛失敗後，杜媚在音樂上大有斬獲，獲得當地觀眾的喜愛，並且重新獲得愛情，歸國結婚生子，此次婚姻也不順遂，丈夫家庭關係複雜，為逃避而奔赴革命，杜媚遂後移情別戀，攜女逃到上海，與一有權勢的男人築巢同居。杜媚的故事冗長複雜，都是一些男女關係，和走馬觀花的露水情緣，和當時流行小說中愛情故事模式不太沾邊，應該是那個時代的異類，女主角不斷地周旋於不同的男人身邊。即使這樣，也無法簡單地用道德去衡量女主角的選擇，作家的同情態度，使得女主角的一切行為都發生得自然而然。

杜媚是名噪一時的上海灘歌星，最重要的是，杜媚去日本學藝的身世經歷，以及一些愛情故事，與白光本人的經歷如出一轍，難怪說是以白光為原型的小說。但小說的前半部分，與潘柳黛的身世經歷更吻合，潘柳黛一向喜歡這種自傳式的小說寫法，《退職夫人自傳》就以大膽自炫的方式，敘述了自己與不同男人之間的故事，在文壇的影響，恐怕比五四時期的郁達夫還震撼，女人出來大膽抖露自己的私事，一時讓人側目。潘柳黛十九歲時，醉酒後糊裡糊塗地失身，之後就不明不白地跟著一個比她大二十二歲的有婦之夫私奔，從北平逃到南京，從此就走上了一條脫離常規的人生之路。潘柳黛的追求者也不少，卻沒有一個能讓她心動的，後來遇到一個叫「阿乘」的男人，潘柳黛一度愛上他，但這位極善於哄女人的男人，卻是一個極端自私的之徒，誤以為潘柳黛身家富裕而靠近她，一旦發現了「真相」就拋棄了她。潘柳黛後來又同別人結了婚，結了婚又離了婚，幾番反覆，潘柳黛算是閱盡人間冷暖。大概正是這些不尋常的經歷，讓她有一股大膽豁出去的豪情，與那些批評之音相比，不知道是誰在看誰的笑話，誰更清醒。

與潘柳黛的故事差不多，白光也有一段類似的遭遇，不過她的故事更曲折。白光曾經愛過滿洲貴族子弟，他權傾一時，曾經做過滿洲政府的大官，日本戰敗後被囚禁起來，並因受刑而癱瘓。此時白光雖然是大明星，但每天依時進監牢去送飯，還親自為餵食。此男子被處死後，白光十分傷心，脫離電影圈到日本去開了一間中華料理店，飯店的生意做得很興盛。這時候，她認識了一個男人，對他十分信任，把生意全都交給他打理．不料這個男人很壞，不但欺騙了白光的感情，還欺騙了她的金錢，弄得飯店倒閉，白光落得個人財兩空。

《一個女人的傳奇》看起來應該是白光與潘柳黛的故事雜集，兩個傳奇的女人在小說裡合而為一，不分彼此。兩個人留下那麼多讓後人看起來仍舊驚歎的故事，傳奇的女人應該以傳奇的眼光去打量，歷史沒有她們，應該會寂寞吧。白光後來終於覓得有情人，逝世後先生特造琴墓紀念，上端刻有〈如果沒有你〉的五線譜一行，〈如果沒有你〉是白光的最愛。如果按動石級上的琴鍵，立即會傳出白光的悅耳動聽的歌聲：

如果沒有你，日子怎麼過？我的心也碎，我的事也不能做……

不能說的秘密

鄭蘋如與關露

近年被發掘出來的小說《小團圓》，有一個細節：荀樺（原型是柯靈）提起坐老虎凳，九莉（原型是張愛玲）非常好奇，但是腦子裡有點什麼東西在抗拒著，不吸收，像隔著一道沉重的石門，聽不見慘叫聲。關於不吸收，真是可以說找到了作家之間區別的一點命門，有些東西還真是不吸收的，而且這種抗拒遠遠超出作家自己的想像。張愛玲的大膽之處就在於大剌剌地悉數招認，包括自己對於革命、國家、民族等一概不能納入自己的辭彙和生活。不像瞿秋白，在囹圄之中才悟出一點〈多餘的話〉，方有點後悔自己那些勉為其難，勉力為之的革命生涯，而自己不過是一個文人，文弱書生是也。這是男人和女人的區別，尤其是曾經在上海這種沾染西洋風景的土壤裡生長出來的張愛玲，她天然地就把自己與這些家國情疏離開了，她始終對清堅決絕的宇宙觀，不論政治的還是哲學的，都不感冒，在左翼作家一片高亢的呼喊聲中，張愛玲固執低緩地細數著那些有關愛情的蒼涼手勢。

在〈自己的文章〉一文中，張愛玲說，自己寫不出時代的紀念碑那樣的作品，也不打算嘗試，她說：

> 我甚至只是寫些男女間的小事情，我的作品裡沒有戰爭，沒有革命。我認為人在戀愛的時候，是比在戰爭或革命的時候更素樸，也更放恣的。

若在看了愛情小說，或者聽了愛情故事後去談戀愛，往往背負了太多不食人間煙火的泡沫，張愛玲在小說裡一次一次的回到柴米油鹽茶。她也絕不讓男女主角輕易的染上幼稚的愛情病，反而在恣肆上下足了力氣，比如〈色戒〉。

〈色戒〉這篇小說講述了一個愛國青年刺殺漢奸的故事，年輕的王佳芝本是嶺南大學的學生，廣州淪陷前，嶺大搬到香港。漢奸汪精衛一行人抵達香港後，王佳芝因為同學的關係搭上聯繫，她和幾個男女同學懷著流亡學生的心情，有志報國，遂自發組織起來做業餘特工，定下一條美人計：由一個學生去接近易太太，然後誘惑汪精衛身邊的紅人易先生，設法把他引出來再除掉他。充當香餌的，自然非學校劇團的當家花旦王佳芝莫屬。王佳芝是一個愛國青年，在學校裡演的也都是慷慨激昂的愛國歷史劇。廣州淪陷前，嶺南大學搬到香港，劇團也還公演過一次，上座居然還不壞，在觀眾的掌聲中，下了臺她興奮得鬆弛不下來，大家吃了宵夜才散，她還不肯回去，與兩個女同學乘雙層電車遊車河。王佳芝貌美聰明，從十五六歲起她就成為男生們矚目的焦點，忙著抵擋各方面來的攻勢，這樣的女孩子不大容易墜入愛河，抵抗力太強了。有一陣子她應該喜歡上了劇團英俊的鄺裕民，本來也會有郎才女貌的青年戀愛故事，後來因為執行任務，王佳芝沒有性經驗，被迫和劇團裡的唯一有嫖娼經驗的男人嘗試，後來行刺不成，而劇團裡的卻因此對她投以異樣眼光，包括鄺裕民，於是王佳芝恨他，恨他跟那些別人一樣。幾經離散，他們又遇到機會去刺殺易先生，王佳芝卻在與易先生周旋的過程中，發現了自己，愛上了易先生，在刺殺將要成功的當口放走了他，而王佳芝卻沒有逃脫被殺的結局。這種在刀尖上行走的刺激，與超越敵我家國的男女恣肆的情慾關係，也許就是張愛玲所說的放恣吧。

〈色戒〉是張愛玲移居美國後於一九五〇年間寫成的短篇小說，這部小說深得張愛玲的喜愛，三十年來不斷修改這部小說，直到一九七八年才將這篇小說和其他兩個小故事〈相見歡〉和〈浮花浪蕊〉結集成《惘然記》一書出版。張愛玲在卷首語寫道：

這個小故事曾經讓我震動，因而甘心一遍遍修改多年，在改寫的過程中，絲毫也沒有意識到三十年過去了，愛就是不問值不值得，所謂「此情可待成追憶，只是當時已惘然」。

關於〈色戒〉的故事，張愛玲是最解得其中滋味的，她與漢奸胡蘭成的愛情又何嘗不是如此絢麗放恣的一場遊戲。

當時的上海，這個故事還有一個現實版本，也曾經轟動一時，張愛玲那時是在上海的。上海不僅僅是中國的冒險家樂園，也是各種傳奇故事的大本營。女主角鄭蘋如生於一九一八年，中日混血，為上海名媛，剛從上海法政學院夜大畢業，既會說標準國語和上海話，又能說一口流利的日語，一九三七年上海第一大畫報「良友畫報」曾將其作為封面女郎，十九歲的鄭蘋如已經是上海社交界的寵兒。一九三七年八月十三日，淞滬抗戰爆發；十一月十一日，中國軍隊撤退，上海隨之淪陷。

鄭蘋如本來也許可以像許多花季富家少女一樣，或讀書留學，或混跡於上流社會的宴席，但家庭的特殊性使她走上了不一樣的征途。鄭蘋如的父親父親鄭鉞，又名英伯，早年留學日本法政大學，追隨孫中山先生奔走革命，加入了同盟會，是國民黨的元老級人物，曾任江蘇高等法院第二分院首席檢察官。他在東京時結識了日本名門閨秀的木村花子，花子對中國革命頗為同情，兩人結婚後花子隨著丈夫回到中國，改名為鄭華君，相夫教子，從小教孩子們日語，也教他們愛中國。他們先後育有二子三女，鄭蘋如是第二個女兒，從小聰明過人，善解人意，又跟著母親學了一口流利的日語，才貌雙全。鄭鉞與陳果夫、陳立夫的堂弟，「中統」特務陳寶驊關係甚密，交往頻繁，由於陳寶驊的關係，鄭蘋如成了「中統」的女情報員。一九三八年，鄭蘋如奉中統江浙區指示，與日偽各路人物周旋，搜集了不少情報。例如，一九三八年她曾搜集到汪精衛擬叛逃的情報，可惜當時重慶未相信，事後則對鄭刮目相看。

男主角易先生的原型丁默村，係國民黨中統的骨幹。鄭蘋如在民光中學讀書時，丁默村曾當過這個中學的校長，因此有師生之誼。丁默村對自己的學生、貌若天仙的鄭蘋如十分信任。這個老色鬼以為鄭蘋如是貪圖他現在的權勢，愈發得意，在她身上花錢如流水，事事依從，形影難分。他哪知道這個貌似涉世不深、恃寵成驕、貪圖金錢的妙齡少女正把自己引向「中統」特務的槍口。

在全面抗戰爆發之前的軍事委員會調查統計局時期，陳立夫任局長，下設三個處：一處處長徐恩曾，二處處長戴笠，三處處長丁默村；丁與戴笠是平起平坐的角色。一九三七年「八一三」以後，調查統計局一分為二，形成軍統和中統兩個系統。戴笠地位上升，成為軍統首腦；徐恩曾繼續經營中統；丁默村則被架空，僅掛了個軍事委員會少將參議的閒職，一氣之下，跑到雲南昆明，養起病來。一九三八年底，早已投靠日本人土肥原賢二的原中統特務李士群，在上海搜羅流氓，網羅骨幹；得知自己原來的頂頭上司丁默村賦閒，立即派人到昆明邀請。丁默村一拍即合，到上海和李士群一起投靠日本人。

抗戰之前，丁默村擔任過上海民光中學校長，鄭蘋如在民光中學讀過書。藉此契機，鄭蘋如拜訪了丁默村。丁默村其貌不揚，患有肺病，卻十分好色。對鄭蘋如青春年華一見傾心，算來還有師生之誼。兩人幾次見面下來，就十分熟悉了。丁默村的身份使得他對外界格外提防，唯獨對鄭小姐卻十分放心。據說有一天，影佐和周佛海舉辦宴會，臨時打電話邀鄭蘋如來參加。餐畢，丁默村要到虹口去，鄭蘋如要到南京路去，同車而行。從滬西至南京路或至虹口，靜安寺路都是必經之道。當車經靜安寺路西伯利亞皮貨店門口時，鄭蘋如向丁默村抱怨自己的藍呢大衣過時了，要去西伯利亞買一件皮大衣，要求丁默村同她一起下車幫她挑選。

作為特工人員的丁默村知道到一個沒有預先約定的地點恐怕有危險，而停留不適半小時，更何況是陪自己喜歡的鄭蘋如，他終於放下戒備。汽車停在西伯利亞馬路對面的路側，該店是兩開間的門面，當他們兩人穿過馬路店門時，丁默村看到有兩個形跡可疑的人，知道情形不對。在緊要關頭他撇開了鄭蘋如，由一扇門狂奔而出，穿過馬路，躍上自己坐來的保險汽車，丁默村毫髮無損，汽車也疾馳而去。他回到七十六號以後，已清楚必然是鄭蘋如出了問題。

關於鄭蘋如的死有好多版本，因為缺乏記錄一些遭遇已不可考，她的死亡時間更是個謎，妹妹鄭天如（又名靜芝）透露鄭蘋如為了不連累家人，吃過一九三九年的聖誕團圓飯後，翌日赴死，家中一年後才得知她的死訊。上海史志專家許洪新從見過的「七十六號」老人那裡得到的細節是，鄭家一九四〇年二月接到鄭蘋如上司的電話，得知她在前幾天被害。一九四六年一位化名張振華，很有可能在「七十六號」服務過的人給《大同報》寫信，又是另一種說法：鄭蘋如在一九三九年十二月被軟禁，第四大隊長林之江看管期間意圖污辱她未成，一個月後，她被林之江帶到徐家匯火車站荒野處決，這封信被作為證供收錄在南京檔案館編輯的《審訊汪偽漢奸筆錄》中。

最戲劇化和大眾接受最多的版本是，李士群和林之江逮捕並殺害了鄭蘋如。刺殺實踐後，丁默村不動聲色不採取行動，以鬆懈她的警覺。事隔數天，鄭蘋如也滿以為事非預約，對方決無懷疑之理。第三天還親自打電話給丁默村慰問，丁默村假意敷衍，依然柔情一片，還約了鄭蘋如下次的幽會日期。她為了表示坦白，居然遵約而至，給丁默村預先埋伏的警衛扣留了。丁默村為追查有關線索，發交給原軍統四大金剛之一的林之江看守盤問。拘留的地點是林之江的滬西家裡，鄭蘋如對林之江，眉挑目語，獻盡殷勤，一再誘林相偕私逃。林之江還曾經幾度為之心動，而丁默村最初也餘情未斷，頗有憐香惜玉之心，並不想欲置之死地，他只想殺殺鄭的氣焰後收為己有——丁默村確實太迷戀這少女了。在審訊的過程中，鄭蘋如也聲稱自己不是重慶方面的人，刺殺丁默村是因為他別有所戀不甘心，就用錢請人來打他，把一個政治暗殺說成是男女之間的爭風吃醋。而一批與這件案子無關係的女人，如汪精衛的老婆陳璧君、周佛海的老婆楊淑慧，以及李士群的妻子葉吉卿等卻一致主張非殺鄭蘋如不可，女人的神經都是高度敏感的，事業比不上家庭穩定重要。一九四〇年二月，李士群瞞著丁默村，下令殺害了鄭蘋如，秘密處決於滬西中山路旁的一片荒地，鄭蘋如中槍而死，時年二十三歲。

鄭蘋如把丁默村引進了西伯利亞皮衣店，張愛玲把皮衣換成了鑽戒，據說這個改編是有來由的，上海史志專家許洪新的材料裡提到：「胡蘭成說，同時被劫走的還有一枚鑽戒，這便是〈色戒〉的由來。」張愛玲筆下的首飾店也是有原型的，是張愛玲的好友炎櫻家開的。張愛玲讓王佳芝愛上漢奸易先生，當然會有很多人不滿，畢竟是對以犧牲為代價的生命的革命事業的褻瀆，然而張愛玲的想像也肯定不是空穴來風，而一位少女豐富細膩的感情世界，也肯定不是簡簡單單的革命一詞就可以填滿的。據後來發現的鄭蘋如日記紀錄，大學時期的鄭蘋如早已有了戀人，名叫王漢勳，是國府運輸大隊的飛行員，是鄭蘋如哥哥鄭南陽的戰友，王漢勳曾兩次邀請鄭蘋如去香港結婚，鄭蘋如都因有任務在身而婉拒。但從日記中可以看出，他們的關係似乎還停留在淺層次上，尤其是與指揮她進行刺殺行動的陳恭澍相比，可能他才是鄭蘋如真正的戀人，也是她如此堅決地投身到冒險行動的動力。她與丁默村關係也很特殊，日記中模模糊糊地記載鄭蘋如早在十四歲時就對丁默村產生了淡淡的傾慕之情，情竇初開的少女對事業有成、幹練成熟的校長有淡淡的情愫，誰又能說得清楚有愛無愛。

《小團圓》故事的另外一個原型是才女關露，三十年代上海灘鼎鼎有名的女作家，趙丹主演的電影《十字街頭》主題曲〈春天裡〉就是她填詞的。處於創作高峰期的關露，與當時的丁玲、張愛玲齊名。以這樣的才華與地位，卻被派去以美色打入敵人陣營，現在看起來有點荒誕，更荒誕的是，據說關露是當時的戀人王炳南的說服下，毅然接受地下黨情報組織負責人潘漢年的指示，打入汪偽特工總部「七十六號」魔窟，策反特工頭目李士群。後又打入日本大使館與海軍報導部合辦的《女聲》月刊任編輯，成為著名的「紅色間諜」。抗戰勝利後，她被國民黨列入漢奸名單；新中國成立後，她又因漢奸罪名兩度入獄，達十年之久，出獄時仍然頂著漢奸的污名，直到一九八二年三月二十三日獲得平反。

鄭蘋如和關露都是才華和美貌兼具的女子，她們也都有自己的愛情和嚮往，被一場戰爭捲入其中，並且改寫了自己的生活，她們的故事被後人不斷書寫，虛構和想像，但因為是特殊的行業，都是最深沉的秘密，最真實的故事除了她們自己知道，任何人都是圍坐在秘密周圍，無法接近，不停地猜測。關露在平反之後，寫完自己的回憶錄從容地選擇了自殺，留下一個悲壯的影子。王炳南落寞的背影出現在她的追悼會上。信仰和鬥爭的故事終於落下帷幕，平凡重複的生活又有什麼可留戀的？她承受了太多地秘密，終於想輕鬆一下，也許她只有這一次是聽從了自己內心的召喚，她本來就想做一個簡單的姑娘，就像關露的〈春天裡〉：

朗里格朗格朗里格朗，
遇見了一位好姑娘，
親愛的好姑娘，
天真的好姑娘，
不用悲，不用傷，
人生好比上戰場，
身體健，氣力壯，
努力來幹一場。

物質女孩或IT Girls

唐瑛與陸小曼

有時候我們會以科學和進步的理由強調自己時代的特殊性，同時強調自己所屬代群的卓爾不群，其實所謂時間和代溝都是自我為中心在作祟，這個死穴會誤導我們的自我幻想。當我們對著時代問題奮筆疾書，痛苦迷茫的時候，可能不會想到十八世紀，托爾斯泰發出相差無幾的感慨。如果給予時代一個拉大縮小的網格裡，每一個時代遇到的問題都是大同小異。媒體上走馬燈一樣的IT girl橫行的時候，不必驚訝，每一個時代都有這樣的青春戰士。

關於IT girl的解釋，有多種解釋，有人說IT就相當於the X factor，就是一種讓所有人傾倒的不凡魅力但卻難以細緻準確地描述，所以簡單指代為IT，而有這種IT元素的女人，就叫做IT Girl了。另有說法這個詞是特指性感迷人的年輕女士，或是經常現身主流媒體及終日參加聚會的女性。還有一種說法是，「IT」的意思是「I don't know what」，大意是「讓人無法描述」。無論怎麼解釋，它都是和一些漂亮絢麗的女孩子有關，是那種每個時代都有的嘉寶臉，引領時尚，貶也罷褒也好，都不會影響這些美感和勇氣的個體，就像〈IT Girl〉的歌詞裡所唱的那樣，站在哪裡其實無所謂，隨時隨地感覺都在飛。

《我在1919》在九十年代的中國刮起一股旋風，陳道明扮演的顧維鈞英俊瀟灑，身姿挺拔，給懦弱的中國病夫形象打了一針強心劑，也難怪國人幾十年後依然藉此安慰。而和他並肩走在國際舞臺上另一個女性形象卻很少被人提起，當時最著名的IT Girl，顧維鈞的妻子黃蕙蘭。

黃惠蘭的父親黃仲涵是華人企業界赫赫有名的「糖業大王」，富可敵國，生活奢侈，如此家境黃蕙蘭算是叼著金鏈子出生的千金，據說她三歲時戴的金項鏈上嵌的鑽石竟有十八克拉。黃惠蘭從小受過良好的教育，精通歐洲多國語言和女子必修課程，音樂、舞蹈、書法面面俱到，騎馬、開車、交際樣樣出色，這些都是貴族女子出嫁的資本，更何況黃惠蘭還是天生麗質，只一幅放在琴架上的照片就讓顧維鈞一見鍾情，可見她的確是氣質非凡的女孩。要什麼有什麼的環境，很難讓她體味到獲得的艱難，也就養成了她驕奢任性的脾氣，日常家傭就有二十餘名，養狗則多達四十餘隻。她的一些舉動在自己看來不過是舉手之勞，局外人則要驚心動魄，比如在顧維鈞回京任內閣期間，她用父親贊助的二十五萬元鉅資，一舉買下當年吳三桂寵妾陳圓圓故居，頗為引人矚目。

像黃惠蘭這樣的人生，如果是直線前進，不外乎就是一個錦衣玉食，其實在她們的人生軌跡中還是平庸的。愛情是最好的加碼戲劇，尤其在中國人的思想中，婚姻大事都是人生的一次轉折。所謂要風得風要雨得雨彷彿就是為黃惠蘭而創造的辭彙，在最好的年紀，剛剛踏上社交界，就遇到了青年才俊顧維鈞，政治與經濟的結合，對於雙方來說都是如魚得水，更何況還有兩情相悅。一九二〇年，兩人在布魯塞爾的中國使館舉行了婚禮，闊綽的娘家給出了讓人咋舌的嫁妝：枕頭上釘的是金扣絆，每朵花中鑲一粒鑽石；鑲金餐具六六三十六套；顧維鈞的名片架是金的，鑿雕著「顧」字，母親送給一輛高級的勞斯萊斯牌轎車……黃蕙蘭成了外交官夫人後，國際舞臺就成為她展示自己和丈夫的舞臺，他改造了顧維鈞的髮型、穿著，教會他跳舞、騎馬，斥鉅資把舊的中國駐巴黎使館修葺一新，這是一個衣食無虞，以展示自我為事業的女人的豪氣與拒絕掩飾，被外交界譽為「東亞的明珠」。

這種性格在愛情的甜蜜階段是任性可愛，長年累月地疊加就會成為災難，何況以救國為己任的顧維鈞又是士大夫傳統中人，豈能長期忍受這種炫耀性的奢華。IT Girl的傳奇終於消散，三十六年後兩人不堪同床異夢，以離異結束。黃惠蘭雖然在國際舞臺上曾經大放異彩，但並沒有多少人知曉這個名字，原因也很容易推測，黃惠蘭本人即使極為聰明伶俐卻並無可以示人的特殊本領，不過是依附在著名外交家顧維鈞身上的一顆珍珠，失婚就失去依附，皮之不存毛將安附焉？不過是在繼續的富足中過完剩下的日子。而同時期國內的另外兩位IT Girl則就風頭勁得多，她們是號稱「南唐北陸」的唐瑛和陸小曼。

在如今功利主義盛行的環境中，陸小曼和她愛情至上的詩人徐志摩已經成為我們一種缺失的想像，陸小曼也因過多的演繹使得名聲遠遠大過唐瑛，在當時應該不分伯仲。唐瑛出生在一個生活優裕的知識分子家庭，她的父親唐乃安是清政府獲得庚子賠款資助的首批留德學習西醫的學生，回國後在北洋艦隊做醫生，後在上海開私人診所，專給當時的上海大家族看病。唐瑛的兄長唐腴臚是宋子文的親信，因與宋子文過往甚密，穿戴服飾基本一樣，在別人刺殺宋子文時被誤殺，一家人受到宋子文的多方照顧。如果說唐瑛從小過著錦衣玉食來一點都不過分，傳聞她有十個貼金箱子，裡面全是衣服，皮衣掛了滿滿一整面牆。民國時期很多名媛都有專門的裁縫，唐瑛也不例外，家裡養了一個手藝高超的裁縫，專門給她做衣服，唐瑛此時就保持著對時尚的敏感，她經常光臨上海的時裝店，但並不購買，而是模仿和改進店家的時裝，衣服考究而前衛，唐瑛一度被稱為上海最為穿衣的女子。唐瑛本人畢業於舊上海的中西女塾，這所學校是張愛玲就讀過的聖瑪利亞女校前身，她精通英文，善唱崑曲還會演戲，當年在大劇院用英語演出了整部《王寶釧》，轟動一時，迅速成為上海最時尚的女王。唐瑛還是較早有名牌意識的人，是最早一批Channel No.5香水、Hannel香水袋、Ferregamo皮鞋、C.D.口紅、Celine服飾和ＬＶ手袋的使用者，再加上她本人曼妙的舞姿、高雅的談吐、時尚的觸覺，成為上海不得不看的一道風景，當時的女性雜誌《玲瓏》，就鼓勵新女性向唐瑛看齊，把她作為榜樣。

把唐瑛看做榜樣不是件容易的事，那一路的來歷背景豈是尋常人可以碰觸的？而陸小曼則不一樣，她和徐志摩的愛情滿足了多少少男少女的愛情幻想，幻想面前眾生平等，所以陸小曼即使失去了天下人的愛戴，也並不失敗，她贏得了詩人的愛情，她在詩中保留了青春和激情。

和唐瑛一樣，陸小曼也出生於一個富貴家庭，父親陸定曾任財政部司長和賦稅司長多年，中華儲蓄銀行的主要創辦人，曾高中晚清舉人，是留學日本早稻田大學的高才生，還曾經名列日本名相伊藤博文的弟子，與曹汝霖、袁觀瀾、穆湘瑤等民國名流是同班同學。陸小曼的母親曾生育過九個孩子，不幸先後都在幼年和青年時死去，只剩下陸小曼一個，又是一個肌膚白皙、眉清目秀、機靈聰明的女孩，於是一家人視為掌上明珠的情形可想而知，不過這個女孩子體弱多病，更加小嬌生慣養，是一個被嬌生慣養的獨生女。陸小曼的母親吳曼華對小曼卻十分嚴厲，完全按照上流社會要求於淑女的標準教育小曼。既要她嚴守禮教，又讓她學習上流社會一個女子具備的一切禮儀和知識。小曼從小的教育和後來的發展都是朝著做貴婦和名媛的標準按部就班進行的。父母像當初所有上流社會的父母一樣，十分重視陸小曼的教育，陸小曼在最好的學校受教育，七歲進北京女子師範大學附屬小學讀書，九歲至十四歲在北京女中讀書。女孩時期的陸小曼並沒有多少盛舉，她是屬於養在深閨的類型，一舉成名天下知，十九歲的陸小曼以一場婚禮開幕自己的人生，這場「海軍聯歡社」舉行的婚禮震驚京城，儀式和場面成為街談巷議的對象，據說光女儐相就有九位之多，除曹汝霖的女兒、章宗祥的女兒、葉恭綽的女兒、趙椿年的女兒外，還有英國小姐數位。新郎王賡畢業於清華大學，留學美國普林斯頓大學與西點軍校，與後來擔任過美國總統的艾森豪是西點軍校的同班同學。一九一八年回國後供職於北洋政府外交部，負責重要文件的翻譯。由於他精通英文、德文、法文，又對哲學等學科頗有造詣，所以北京上層社會一致認為他是不可多得的人才，前途無量。但結婚後不久，兩人因為性格教養大相徑庭，感情便出現危機，王賡刻苦勤勉理性，一週有六天致力於工作和讀書，而陸小曼則是在養尊處優的環境中長大，熱衷於社交，性情上喜歡熱鬧，致使他們夫婦時常發生爭吵。結婚第三年，王賡被任命哈爾濱警察局局長，陸小曼在哈爾濱住不習慣，不多時，就回北京娘家居住，與王賡兩地分居，兩人的感情漸漸破裂了。等詩人徐志摩作為好友加進兩人世界後，感情發生了徹底改變，並且成為當時輿論的熱點，受到眾多阻力，陸小曼也因此廣為人知。

唐瑛的愛情故事主要都是在政商界，盛家七小姐和宋子文的那場轟動上海灘的愛恨情仇後，宋子文開始猛烈追求唐瑛，傳說唐瑛的梳粧檯上經常擺放著宋子文熱氣騰騰的情書。一九二七年左右的宋子文，被認為是世界上最富有的男人，成熟英俊多金多權，任何女孩恐怕都難以抵擋他的吸引力，唐瑛也不例外，都是青春年少的年紀，愛情是一束茁壯成長的花朵。但因政治痛失愛子的父母堅決不同意，政治恐怕已經成為他們的心頭之痛，絕不希望女兒嫁給政要。也許是宋子文知難而退，也許是唐瑛順遂父母，重新回到朋友的立場，總之這個故事沒有下文了。一九二七年夏對愛情漸生倦怠之心的宋子文和十八歲的張樂怡閃婚，不久，唐瑛速嫁寧波「小港李家」——滬上豪商李雲書的公子李祖法，不過這個婚姻沒有維持太久，一九三七年因性格不合，唐瑛與李祖法離異，但這樣的女子又何愁找不到共度一生的人，唐瑛後來嫁時任美國美亞保險公司的中國總代理、熊希齡的侄子熊七公子，這一次倒是琴瑟相和，一九四八年唐瑛隨夫赴香港，接著移民去美國，遂消失在國人視野中。

唐瑛和陸小曼這樣的女子遇到了會有兩種結局，美人對決或情同姐妹，兩人是後者，英雄相惜的事情在女子身上也一樣演出。時尚尖端的女子，不專美，而是願意讓別的女子也充分享受到美麗的裝扮。一九二七年唐瑛和陸小曼在上海靜安寺路一棟三層小洋樓裡合夥創辦了中國第一家專為女性開辦的服裝公司「雲裳服裝公司」，她和陸小曼更是親自為公司形象代言。當時她們稱公司為美術服裝公司，採取的是世界最流行的裝束，其宗旨是在「新」而不在「貴」。唐瑛不但親自在店內為顧客試穿新衣，而且還重金聘請了從法國和日本學習美術回來的江小鶼為雲裳服裝公司的設計師，江小鶼是世家子弟，和陸小曼的終生好友翁瑞午一樣廣有錢財，又愛好藝術，主辦天馬劇藝會，相當於藝術沙龍，總之是個藝術至上的公子。雲裳服裝公司很快成為時尚的新指標，據報紙記載一九二七年冬天上海以及附近的南京、蘇州、無錫等城市的大街上，凡是有時髦女子出現的地方，就會有一道道由雲裳牌大衣組成的亮麗風景。雲裳服裝公司的成功帶動了上海灘服裝業的發展與興旺，鼎盛時期連日本、菲律賓、新加坡、印度等國的富商大賈，都會趕到上海，選購時裝。

一九二七年中央大戲院舉行的上海婦女界慰勞劇藝大會，陸小曼與唐瑛連袂登臺演出崑劇《拾畫》、《叫畫》。有一張陸小曼與唐瑛對戲照，陸小曼輕搖摺扇，唐瑛走臺步，兩人皆是一身的戲，這張照片曾經是多少人心頭的嚮往和對一個不再重複時代的臨水照花。每個時代都會有自己的物質女孩，舞臺變幻，歲月流轉，不變的只有她們華麗的夢想和醉人的表演。

丁玲與王劍虹

沙菲女士們

一位少女要成為作家，除了像伍爾芙（Virginia Woolf）說的有一間自己的屋子，往往還需要一些同路人，就像伍爾芙的布盧姆斯伯里派（Bloomsbury Group），他們給予她友誼、智慧和信心，滋潤了她創作的心靈，畢竟寫作是一項寂寞的工作。女作家丁玲在沒有成為作家之前，周圍也有一群文學人士，在上海大學念書時，老師們之中有茅盾、田漢、瞿秋白、俞平伯等文壇上頗有聲望的人物；北上後，與當時的男友胡也頻、好朋友沈從文在北京有過一段大被同眠的經歷，而這兩位也開始在文學界嶄露頭角。耳濡目染加上天賦，儘管在沈從文眼裡她當時只是一個圓臉樸素、安靜女孩，其實丁玲的生活經歷已經潛藏了許多力量，她在苦苦尋找自己的道路，誰都不會知道，接下來這個女孩在文學上會大放異彩。

一九二七年對丁玲來說是苦樂參半的一年，生活陷入苦悶中找不到出路，一個月約十五六元的書記位置都難找到，她甚至去嘗試做自己並不擅長的演員，真有上窮碧落下黃泉的淒涼感。後來抱著一線希望給文壇領袖魯迅先生寫求援信，可見真是無路可走了。魯迅固然愛護青年，也不可能對每一個青年都照顧到。果然，去信沒有收到回應，倒不是魯迅袖手旁觀，而是出現了另外一個插曲，他誤認為是沈從文的戲弄，棄之不理，後來知道真相後，魯迅也曾感到愧疚，沒有及時救助年輕無助的丁玲。一無出路的當口，她拿起筆來，訴說自己的內心苦悶就在常理中了。這年冬天，《小說月報》的主編葉聖陶先生在一大堆自由來稿中，驚喜地發現一篇屬名丁玲的小說〈夢珂〉，是用女性的視角寫的，感觸深摯，描寫細膩，極具特色，葉聖陶欣然將稿子留用，刊載在十二月份的《小說月報》上。第二年春，同樣是在頭條位置上，葉聖陶又發表了丁玲的〈莎菲女士的日記〉，這部小說引起的迴響可謂熱烈，連茅盾都寫了評論，說莎菲是心靈上負著時代苦悶創傷的青年女性的叛逆的絕叫者。《小說月報》在當時的文壇地位舉足輕重，不長時間之內，又續刊載丁玲的〈暑假中〉、〈阿毛姑娘〉等，算是破例地為一個不知名的作者連續發表小說，並且均佔重要位置，這實在有些罕見，葉聖陶先生的慧眼識珠可見一斑。丁玲在寂寞、苦悶中走向文壇，成為一個性格鮮明的作家，有一種橫空出世的感覺，給文壇帶來一股清新凌厲的風格。

關心文學的人到處都打聽丁玲是誰？丁玲原名蔣冰之，湖南臨澧人，出生在一個沒落的名門望族家庭。少年喪父，母親是一位剛毅、自強，追求進步的知識女性，當年三十歲的母親帶著六歲的丁玲一起在常德女子師範求學，曾轟動了整個縣城。丁玲母親與後來成為著名革命家的向警予結為至交，向警予給她們帶來不少新聞、新事、新道理，也為丁玲打開了瞭解世界的天窗。一九二二年的丁玲剛滿十八歲，她毅然離開湖南，北上求學，不過這次求學，她是受到另一位少女的鼓動，她就是丁玲日後的密友，對丁玲走上文學創作之路有重要影響的王劍虹。

王劍虹和丁玲同是桃源第二女子師範的學生，但並不熟悉。丁玲後來回憶王劍虹當時是一位非常嚴肅，昂首出入，目不旁視的女孩，有一雙智慧、犀銳、堅定的眼睛，覺得她大概是一個比較不庸俗、有思想的同學。五四運動的波濤席捲到桃源第二女師時，王劍虹便脫穎而出，登上了學生運動的舞臺，成為全校的領頭人物。她組織發動帶領全校同學遊行、演講、剪辮子、到夜校授課等等活動。此時的王劍虹就像一團烈火，一把利劍，一個無所畏懼、勇猛直前的尖兵，給丁玲留下了極為深刻的印象。一九二一年底，王劍虹寒假返家探親，再遇丁玲，就動員丁玲到南京平民女校「尋找真理」、「開闢人生大道」，兩人並成為親密無間的摯友。一九二二年二月，女校開學後，她倆都進入高級班學習，在女校期間，結識了並聆聽了陳獨秀、李達、陳望道、邵力子、高語罕、沈雁冰、沈澤民等黨的領導人和有名的進步知識分子的教誨。一九二三年夏天，共產黨的早期領導人，著名作家瞿秋白，自蘇聯返回國內於平民女校教書，丁玲和王劍虹結識瞿秋白，瞿秋白介紹兩人去上海，進入共產黨創辦的上海大學中國文學系學習。後來，瞿秋白與王劍虹戀愛結婚，丁玲離開上海到達北京，繼續自己的尋找之路。

這一段生活中有兩個人物對丁玲的生活特別重要，瞿秋白與王劍虹，他們三個一起的生活成為丁玲早期小說創作的重要的生活來源，幾乎每一個小說都有他們的影子。丁玲成為作家第一篇小說〈夢珂〉就有著王劍虹的影子，小說中的夢珂是一個退職太守的女兒，太守年輕時生得確是漂亮，又善於言談，又會喝酒，又會花錢，與一幫詩酒之士，販古董、字畫的掮客終日鬥雞走馬，過著揮霍瀟灑的生活。太守與王劍虹的父親王勃山性格上頗有幾分相似，比如愛文物，諳醫道，悉詩文，只不過王先生是個革命者，先是辛亥革命時期的老同盟會員，曾任孫中山廣州國民政府秘書，後任川東行政公署監委委員和四川省人民政府參事。王劍虹早年喪母，也與夢珂的身世命運相似。沈從文在〈記丁玲〉中曾這樣描述王劍虹：

當時丁玲女士還不過十七歲，天真爛漫，處處同一個男子相近，那王女士卻是有肺病型神經質的女子，素以美麗著名，兩人之間從某種相反特點上，因之發生特殊的友誼，一直到那王女士死去十年後，丁玲女士對於這友誼尚極其珍視。在她作品中，常描寫到一個肺病型身體孱弱性格極強的女子，便是她那個朋友的剪影。

夢珂是個美麗的少女，長得像一枝蘭花，顫蓬蓬的，瘦伶伶的，面孔雪白，細長細長的眉尖一蹙一蹙，或是把那生有濃密睫毛的眼瞼一闔下，就長聲的歎息起來，是那種典型的惹人憐愛的女孩子。這樣的女孩子，血管裡卻流淌著放浪子的血液，會像她父親當年一樣的狂放的笑，兼具古典傳統的美與現代豪放女性的性格。

王劍虹與瞿秋白熱戀時，夢珂曾經是瞿秋白對王劍虹的昵稱，法文意思為「我的心」（mon coeur）。瞿秋白的一封信中這樣稱呼過王劍虹：

夢珂！夢珂！我叫你，你聽不見，只能多畫幾個「！！！！！」可憐，可憐啊！

〈莎菲女士的日記〉也是一個確證，這是一篇日記體裁的小說，記錄了少女莎菲的愛情與理想的苦悶，而所有這些苦悶的傾訴對象是一個叫蘊姊的人，蘊姊就是以王劍虹為原型的。她雖然沒有在作品中直接出面，但在莎菲心目中，她卻是最理解也最疼愛自己的親人，她們之間的關係已經超越了通常的友誼，情同骨肉。她還是這部「日記」的預定的讀者，莎菲寫作日記就是為了有一天給蘊姊看的；直到蘊姊去世之後，她仍然是莎菲繼續寫作日記的動因：

在心的忙亂中，我勉強竟寫了這些日記了。早先因為蘊姊寫信來要，再三再四的，我只好開始寫。現在蘊姊死了好久，我還捨不得不繼續下去，心想為了蘊姊在世時所諄諄向我說的一些話便永遠寫下去紀念蘊姊也好。所以無論我那樣不願提筆，也只得胡亂畫下一頁半頁的字來。

「五四」運動落潮後，北京城裡的幾個青年閒居在公寓裡，無所事事，只能談情說愛。女主角莎菲傲慢敏感，從小離家孤身在外，身患肺病，嚴重失眠，在公寓生活窮困潦倒。病中的莎菲得到了來自父親、姐妹和朋友的愛，這些卻使得她的脾氣更壞，因為莎菲始終得不到人的理解，嬌縱傲慢的莎菲陷入深深的痛苦中。身患疾病的少女，從現實生活的根源來看，自然是對王劍虹得肺病記憶深刻的原因，從大的時代背景來看，免不了帶著不能說出來的痛楚感，青年沒有健康的血肉活力，多少要怪罪於喑啞的時代。莎菲自然是肉體上生病了，精神的上的病症恐怕更嚴重，正是兩方面的疾病使得莎菲不能寫出磅礴的文章，只能以日記的方式，發出自己的囈語和詛咒。

莎菲的苦惱首先來自一個愛慕她的葦弟，莎菲對他又愛又恨，愛他的忠厚誠摯，又討厭他沒有靈活的腦筋，膽小怯懦，不懂得愛的技巧。所以莎菲總想有那麼一個人能瞭解得自己清清楚楚的，她激烈地尖叫著——如若不懂得我，我要那些愛，那些體貼做什麼？來自新加坡的美男子凌起士，面孔漂亮，舉止大方，他的長相與風度使莎菲傾倒，莎菲覺得自己一度愛上了他，甚至費盡心機去引起他能注意。但在贏得了他的溫存示愛之後不久，莎菲卻又失望了，他不過一個自私自利、追求享樂的小人，志向離不開升官發財，興趣不過是吃喝玩樂。這給莎菲帶來極度悔恨，對他形體的愛和對他靈魂的厭倦折磨著她，一腳踢開了他。莎菲這種女性是具有代表意義的，她追求真正的愛情，追求自己，希望人們真正地瞭解她，她要同舊勢力決裂，但新東西又找不到，強烈渴望著靈與肉和諧美滿的愛情，但現實卻令她極度失望。她的不滿是對著當時的社會的，心中有一股怒火，要燃燒掉一切，破壞一切，包括自己。

沙菲是徹底情緒的化身，她不愛葦弟而刻意冷淡他，同時又因同情而讓他吻自己手；儘管知道凌起士醜靈魂醜陋，仍不免對他朝思暮想，得到夢寐以求的吻又開始拷打自己靈魂。這樣大膽地展示帶有性愛暗示的少女世界，在五四時期已經有點驚世駭俗的味道了，丁玲將這個存於無數女人心中的沙菲抽象出來，無數顆女人的心中，必定有一顆是王劍虹的，因為王劍虹的感情生活是丁玲苦悶的一個來源。瞿秋白與王劍虹的愛情故事在文學史上是一段充滿了浪漫色彩的才子佳人式的美好姻緣，女主角的過早離世使得故事帶著缺憾的美。丁玲是這段愛情的見證人，只不過她見到的是完美背後的苦悶。〈莎菲女士日記〉中的葦弟，原型可能就是瞿秋白的弟弟，小說裡莎菲把蘊姊的信給他看，他很難過，因為那使莎菲蘊姊感到生之無趣的人，不幸便是葦弟的哥哥。〈莎菲女士的日記〉中透露出一些與瞿王愛情相關的不和諧的資訊，丁玲還間接地對瞿秋白進行了指責：

> 還有蘊姊，今天接到蘊姊從上海來的信，更把我引到百無可望的境地。我哪裡還能找得幾句話去安慰她呢？她信裡說：「我的生命，我的愛，都於我無益了……」那她是更不需要我的安慰，我為她而流的眼淚了。唉！從她信中，我可以揣想得出她婚後的生活，雖說她未肯明明的表白出來。神為什麼要去捉弄這些在愛中的人兒？蘊姊是最神經質，最熱情的人，自然她更受不住那漸漸的冷淡，那遮飾不住的虛情……我想要蘊姊來北京，不過這是做得到的嗎？這還是疑問。

寫〈莎菲女士日記〉的丁玲因為對王劍虹的愛，使得她對隱藏的瞿秋白帶著惱恨的情緒，不過後來丁玲更正了自己的認識，她重新書寫了這個愛情故事，以兩人為原型寫出了

〈韋護〉。在〈我的自白〉中，丁玲說，〈韋護〉的故事，既來自切近的觀察，更來自於瞿秋白自己的敘述，丁玲說：

他曾說，他愛她並不如他誠懇的那樣，他只以為那女人十分的愛他，而他故意寫詩，特意寫的那樣纏綿。他心中充滿了矛盾。他看重他的工作甚於愛她。每日與朋友都是熱烈地談論一切問題，回家時，他很希望他的Lover能把關於他的工作，言論，知道一點，注意一點，但她對此毫無興趣。他很希望得到一個心目中所要來的一個愛人。他曾老老實實地對我這樣說過。我很希望我能執筆把它完全筆之於書。

敏感、高傲而又熱情的王劍虹死於愛人的肺病傳染，像一朵雲，消失在浪尖上。戛然而止休止符折磨著最好的朋友，夜深人靜難以入眠的時候，丁玲的思緒一次次回到慕爾鳴路與彬里三〇六號，一幢兩樓兩底的弄堂房子，那裡有三個青年一段美好的生活，也有無法言傳的悲痛，或許還有不足為外人道的隱秘感傷。她用作家的特權揣測了每一個人的心理世界，編織了幾個自我完滿的故事，最後她終於定奪下來，王劍虹是在愛情中迷失了自我。瞿秋白沒有出來辯白，寫出〈多餘的話〉的作者應該理解文藝與革命矛盾，後來他為革命犧牲了，丁玲去了延安，像一個戰士一樣去開拓新的生活。

一九八四年四月初，丁玲的文壇好友徐霞村專門寫信詢問莎菲的原型問題，他認為「莎菲的原型是丁玲的一個朋友，名叫楊Molei。」丁玲回函說：

你問我是用誰做模特兒，這個我很難說，也許有楊沒累，但又不是楊沒累。我很理解女性，同情她們，但你是看過丁玲本人的，又是寫〈莎菲〉的時候的丁玲的，你最有權威說出「丁玲就是莎菲」或者「莎菲即丁玲自己」的人。

特別熟悉丁玲的徐霞村在文章中指出，莎菲的原型不是丁玲，好友楊沒累是莎菲的原型之一。丁玲後來在一次訪談中說：

莎菲，夢珂，我是把她們當作典型來寫的，在那樣黑暗的社會裡，有那麼一些苦悶的知識分子嘛。莎菲的苦悶不完全只限於一個女人！不少男性也具有這樣的思想苦悶，有莎菲那種感情和思想，不過對於我，寫一個女人比較更方便一點嘛。主要是要表現出在那樣時代裡面那樣一些人的苦悶。

那段故事中的人物一直都在傳說中，誤解或者演繹，面龐也越來越模糊，讓人們再也分不出誰是誰。瞿秋白與丁玲都是幸運的，書寫的特權讓他們的心靈得到瞭解脫，只有王劍虹沒有機會表白自己，她在丁玲的筆下，永遠留在了莎菲痛苦囈語的回聲裡。

盧隱與石評梅

女兒國的夢

和所有「五四」叛逆的女兒一樣，盧隱的創作也是以抗爭的姿勢出現的，〈海濱故人〉裡的露莎是以盧隱自己為原型的，盧隱步入文壇一九二〇年幾乎就是一個理論家，她發表的文章多數都是問題主義的，婦女解放，利己主義利他主義，新村理想與個人價值等等。那一年的盧隱像一個急於向世界發言證明自己存在價值的鬥士，但她的文學創作是從講述少女世界的故事開始的，這是一個自己側身其中的小宇宙，也是最早需要奮力打破的硬殼。從前，曹雪芹先生一面讓賈寶玉說出女孩子是水做的，讓她們的世界無憂無慮地生出很多故事，另一方面又絕望地弄一出愛情悲劇來賺取世人的眼淚，女孩子們的世界與女人們的世界，也不過隔著幾年的時光，韶華易逝，單純的美好轉眼就處於險惡的邊緣，侵擾和傷害都在趕來的路上。女性對自己的世界的風險恐怕更是敏感，新文化感染下的五四新女性，對險惡處境已經有了思想上的認識，長出了叛逆的翅膀女孩們很難心甘情願地回到閨房中，聽從父母的安排，儘管她們的天空很低矮，但飛翔就會有方向。

盧隱個人的婚姻之路說起來不算順遂，三十二歲已經有三次婚姻，但她的勇敢和倔強拯救了自己，一旦找到了真愛，她可以不顧一切，我行我素。她的每一段婚姻都是出於自己的意願，與同時代的女孩子相比，她算是幸運者，畢竟是按照自己的意志在活。盧隱的第一次婚姻以抗爭父母開始，以自己的醒悟結束。一九二二年盧隱結識了文學研究會最早的成員、北大法律系的高材生郭夢良，彼此有好感，儘管郭夢良已有妻室，他們還是衝破家庭、朋友的反對和強烈的社會輿論的重重阻礙，在上海「一品香」旅社舉行了各自的第二次婚禮。愛情生活是充滿快樂和激情的，尤其是兩人一個戰壕對抗外敵時，憑空為兩人團體增加了悲壯和榮譽感，愛情激戰中的人們都會篤信愛情就是一切。結婚後的生活對盧隱來說可能帶來女孩子時期無法想像的苦楚，尤其是縱馬馳騁習慣了的知識分子女性，難免有困於牢籠的拘束感，在這樣茫然若失的婚姻情緒中沉浮了半年之後，她寫出了〈勝利以後〉、〈父親〉、〈秦教授的失敗〉等短篇小說。婚姻生活讓盧隱對社會和人生有了更多的理解，盧隱已漸漸溶在生活找到了個人與社會的癥結，一九二三年十月，創作出表現少女時期故事的〈海濱故人〉。

廬隱在〈海濱故人〉開頭寫得很唯美、很文藝，斜陽紅得像血般，照在碧綠的海波上，露出紫薔薇般的顏色，五位少女集結那白楊和蒼松的蔭影之下。她們住在海濱的漁村裡避暑，早上黃昏的時候出來玩耍鑑賞海景。正值年少的時光，她們性格各異，但都是有抱負的人，所以就格外要好，和醉生夢死的人不同，五位姑娘就築起高壘隔絕別人。這是一個值得記憶的暑假，她們的歡樂感染了海邊寂寞的松林和無言的海流，她們對著白浪低吟，對著激潮高歌，對著朝霞微笑，有時竟對著海月垂淚。

和真實生活拉開距離，暫時烏托邦地在別處的生活，總會結束，暑假結束她們就開始了新生活，或者說接續了原來的生活。五位少女的個人生活也拉開帷幕，露莎是同學們口裡的著作家，每天在圖書館，拿著一枝筆，癡癡地出神，看到有同學走過來，便將人家分析起來。宗瑩最喜歡和同學談情，綽號「情迷」，一天到晚只要有時間就談論她的愛情至上論，她的格言是：「人生的樂趣就是情。」雲青是大家庭的女孩，整天整理講義，記日記，做簡章寫信，她性情圓和，無論對什麼事，都不肯吃虧，而且出名的拘謹，有點像薛寶釵。雲青的原型是王世瑛，同樣也是文學青年，不過她更熱衷於寫身邊的瑣事，她認為從平常生活中取材的作品，「才近情近理，村嫗都懂，而又耐人尋味」，雲青的愛情故事原型來源於王世瑛與鄭振鐸的故事，由於性格原因，兩人沒有結合，後來王世瑛與政治學家張君勱結婚，從此相夫教子很少涉足寫作，過著琴瑟和諧的生活。小說裡的這次愛情事件其實在現實中也一直餘音嫋嫋，只不過他們都恪守著一些原則而沒有餘波不斷。蓮裳學音樂，快樂主義者，及時行樂，除了在教室彈琴便是在操場上唱歌，無憂無慮不解人間煩惱，憎惡講哲理的人。三年後學潮開始，常常罷課，五位女孩子接二連三都捲入愁海。

女孩子們的煩惱已經開始脫離孩子氣的長吁短歎，慢慢體味到人生的苦味。露莎與青年梓青相愛，梓青有婚姻在身，糾纏在愛情的哲學裡，露莎變得憔悴、消沉、過敏，精神也變得悲觀頹廢。雲青與蔚然，迫於父親壓力不能結合，宗瑩也陷入自由戀愛與包辦婚姻的苦痛中，玲玉愛上和一個正在離婚的男子，蓮裳結婚了……總之少女們開始了成人的煩惱，無憂無慮的生活結束了。

在和成人世界接觸的過程中，她們開始對人生懷疑：讀書為什麼帶來的只是煩惱與悲愁，知識誤我還是我誤知識？讀書使得人生觀變了，不見容於父母親戚，一天天覺得孤獨。這些人生哲學的問題是典型的五四式悲傷情緒，可能每個時代的少女在成人的焦慮期都會有，不過這個時代把它們放在文學的最前線。小說的最後，其他四位各自掙扎在自己的生活世界裡，露莎南下渺無音訊，只留下一封信，若凱旋將重回海濱小村，那是她們最快樂的時光，最美好的理想。露莎在給雲清的信裡曾經描繪過：

海邊修一座精緻的房子，我和宗瑩開了對海的窗戶，寫偉大的作品；你和玲玉到臨海的村裡，教那些天真的孩子念書，晚上回來，便在海邊的草地上吃飯，談故事，多少快樂——但是我恐怕這話，永久是理想的呵！

理想的世界是一個單純女孩子的國度，沒有男人們的足跡，沒有父母親戚的權威，沒有經濟困窘和生計問題，沒有現世瑣碎事物的煩惱，沒有民族危亡、時代憂患的命題。而廬隱同一年還寫了另一篇小說〈麗石的日記〉，思想上走得更遠，痛苦優雅頗具才情的麗石，從不願從異性那裡尋求安慰，她認為和異性的交接不自由，於是和表同情的沅青，從泛泛的友誼上，而變成同性的愛戀，並且兩人都有長久的計畫，籌畫將來共同生活的樂趣，作著關於未來的快樂夢——我夢見在一道小溪的旁邊，有一所很清雅的草屋，屋的前面，種著兩棵大柳樹，柳枝飄拂在草房的頂上，柳樹根下，拴著一隻小船，那時正是斜日橫窗，白雲封洞，我和沅青坐在小船裡，御著清波，漸漸駛進那蘆葦叢裡去。

後來沅青被父母逼迫嫁給自己的表哥，並且寫信反悔從前的理想，同性的愛戀終究不會被社會的人認可，希望麗石早些覺悟！這沉重打擊了麗石，抑鬱而死。

同時代著名女作家、廬隱好友石評梅，應該是喜歡這篇〈海濱故人〉的，作為摯友應該更能呼吸到小說裡的苦悶，更懂得其中的悲苦與悵惘。小說發表後，石評梅發表〈寄海濱故人〉一文，直接稱呼廬隱為露沙：

露沙！讓我再說說我們過去的夢吧！入你心海最深的大概是梅窠吧，那時是柴門半掩，茅草滿屋頂的一間荒齋。那裡有我們不少浪漫的遺痕，狂笑，高歌，長嘯低泣，酒杯伴著詩集……前幾天飛雪中，我在公園社稷臺上想起海濱故人中，你們有一次在月光下跳舞的記述。你想我想到什麼呢？我忽然想到由美國歸來，在中途臥病，沉屍在大海中的瑜，她不是也曾在海濱故人中當過一角嗎？這消息傳到北京許久了，你大概早已在一星那裡知道這件慘劇了。她是多麼聰慧伶俐可愛的女郎，然而上帝不願她在這污濁的人間久滯留，把她由蒼碧的海中接引了去。露沙！我不知你如今有沒有勇氣再讀海濱故人？真悵惘，那裡邊多是些不堪回首的往事。

另一文〈給廬隱〉中，石評梅敘述自己在高君宇犧牲後的悲愴心情，廬隱的第二任丈夫郭夢良因病早逝，共同的經歷和痛苦，使得兩人走得更近，石評梅說，這時悽愴悲緒，怕天涯只有君知！兩位才女在小說與現實中彼此交融著，恐怕也是在默默營造著相互庇佑的女兒國吧，互訴憂傷與相知。

性格決定命運，廬隱說自己有兩種絕對相反的人格：

在文章裡，我是一個易感多愁脆弱的人，——因為一切的傷痕、和上當的事實，只有在寫文章的時候，才想得起來，而也是我寫文章唯一的對象，但在實際生活上，我卻是一個爽朗曠達的人。

同時代的女作家蘇雪林曾經以豪爽形容廬隱，廬隱歷經前兩次婚姻，一次離婚，一次丈夫早逝，她還有勇氣和小自己八歲的李唯劍走進婚姻，足見性格之豁達。石評梅的性格則更加敏感和優柔，第一次戀愛怕傷害別人家庭，自己孤獨地舔舐傷口，使得她的心徹底鎖起來，任憑高君宇如何努力，都緊緊關閉，並有獨身主義的傾向。高君宇犧牲後，石評梅終日以淚洗面，沉浸在失去愛人的巨大悲傷中，終於鬱鬱而終，追隨高君宇而去。石評梅的早逝，給相知相惜廬隱帶來了更多的灰暗色彩，尤其是在小說裡。廬隱創作了〈象牙戒指〉，以小說的形式紀念摯友石評梅和屬於她們的青春時代，故事原型就是石評梅和高君宇，張沁珠（石評梅）愛上陪她由山西到北京上學的伍念秋，而伍很長時間隱瞞了他有一妻二子的事實。後曹子卿（高君宇）苦苦愛上沁珠，曹也是已婚者的事實再次讓張沁珠望而卻步，即使是曹子卿取得自由身之後，張沁珠還是由於自責而選擇拒絕。

每一個時代都有自己的暗疾，不過是衝在時代前邊的知識女性們較早充當了受害者，而在兩人愛情自由身後，孤獨求告的舊式婦女，她們沒有自己的聲音，石評梅的創傷無可避免。無論是石評梅還是廬隱愛情，都是那時代中國的「娜拉」們面對的現狀。面臨衝擊和拆卸的家庭對新女性們充滿了排斥和不信任，廬隱的第二次婚姻破壞了郭夢良的傳統婚姻，郭夢良的病逝，使得廬隱婆婆遷怒於媳婦，一直認為是她害死了自己的兒子，而且在面對社會輿論時也是被孤立的。男人們的自私使得情況更加複雜，勇氣不足隱瞞婚史使得新女性經受感情傷害，而果敢地拋棄家庭的男人，有使得精神的罪名落在女性身上，沁珠第一次愛情收到伍念秋妻子的一封求哀信，便主動撤離了。第二次類似的愛情中，石評梅覺得為了自己而破壞人家的姻緣，太是罪人。種種矛盾與徬徨，新女性難免會產生對對社會和男子的疑懼，難免會產生幻想和退縮，她們會想，也許只有女人的世界石美好的，只有一個純潔明淨的女兒世界能讓她們感受到溫暖。

〈象牙戒指〉裡有一個細節寫到她們在女校富有生機的早晨盥洗場面，彷彿一個女兒的黃金世界：在那麼一間非常長，甬道形的房屋裡，充滿著一層似霧似煙的水蒸氣，把玻璃窗都蒙得模模糊糊看不清楚。走進去只聞到一股噴人鼻子的香粉花露的氣息。一個個的女孩，對著一面菱花鏡裝扮著。那一種少女的嬌豔，和溫柔的姿態，真是別有風味。廬隱以小說的形式復活了死去的朋友和一段青春時光，愛情和自由、民主、平等一樣熠熠閃光，被男男女女們用各種方式拿出來書寫、祭奠，唯獨廬隱撇開了愛情，留給了友誼，同性之愛。她應該知道這更驚世駭俗不見容於人，可是對於豁達大度的廬隱來說，這算了得什麼，不是我手寫我心嗎？只是上天留給她的時間太少，一九三四年五月十三日，廬隱於上海逝世，她的傳奇沒有繼續。

出走的娜拉
馮沅君

民國時期的報紙上最熱鬧的風景裡，有不少女孩離家出走的故事，多半與愛情有關，小姐們為了某個中意的男子與家庭決裂，父母一怒之下，登報宣佈斷絕關係。這個故事框架還有可能延續下去，女孩被薄情男子拋棄，投河、服用安眠藥自殺，或者兩人生計困難，新生活難以為繼，投降歸家又或者抑鬱而終，比如魯迅的〈傷逝〉，娜拉的形象更是讓很多女青年心有戚戚。當然離家出走，還有一種可能性就是走上革命的道路，從僅看得到四角天空的個人小世界裡走出去，走向一個許諾了未來和美好的新世界，那是五四時代流行的另外的人生故事，馮沅君的故事屬於前者。

一九〇〇年九月四日是一個再平淡不過的日子，太陽底下畢竟沒有多少新鮮事。不過對於河南省唐河縣祁儀鎮上馮家來說卻有些不平常，馮家是當地一個頗為富有的官宦之家，這一天一個女孩出生了，因為已經有兩子，這個女孩的到來就格外喜慶，家人為她取名馮淑蘭，她就是後來在五四文壇上大發異彩的女作家馮沅君。父親馮樹侯任湖北省崇陽縣知縣，夫人攜帶年幼的沅君及其長兄友蘭、二兄景蘭赴崇陽與父親團聚。馮樹侯重視對子女的教育，聘請教師教育三個孩子，馮沅君小小年紀已經能背誦大量的詩詞，還能夠吟詩填詞。馮沅君的母親吳清芝，通曉詩書、思想開明，支持女兒讀書求學，丈夫逝世後獨自支撐家庭，供養三個孩子讀書。馮沅君的兩位哥哥先後考入北京大學，接觸了新思想，在他們影響下，馮沅君逐漸受到新文化、新思想的影響，並考入北京女高師。馮沅君是那個時代反抗的先鋒，迅速投身到時代波瀾壯闊的革命熱潮之中，在學生愛國遊行，她第一個搬起石塊砸碎了校長防止學生遊行而加固的鐵鎖。

馮沅君受到五四運動的感召，滿腔的激情無處發洩，遊行反抗等已經無法激蕩清楚出她內心的塊壘，她要把自己的想法傳達給更多的青年。於是她勇敢地拿起了筆，將樂府詩《孔雀東南飛》改編成古裝話劇，並親自登臺演出，主動扮演了劇中眾矢之的人物，封建專制家長的典型人物焦母。演戲畢竟還不是一種大雅之堂的活動，何況是女大學生登臺演戲，在二〇年代的中國是一種極為大膽的行動，從而得到執導此劇的李大釗先生、《戲劇雜誌》社長陳大悲先生等人激賞和支持。這個話劇很快轟動京城，一連上演三天，當時的影響可謂盛況空前。北大、清華的師生們還開了專車前往觀看，李大釗先生的夫人帶著女兒前去助威，據說魯迅先生也看過此戲。《孔雀東南飛》的演出，使馮沅君成為引人注目的人物，有人寫文章說馮沅君此時是「名滿京華」。

一九二二年，她從北京高等女子師範學校畢業後，即入北京大學國學研究所繼續讀書，就在這一年，她的創作欲望如決堤的洪水，一發而不可收，連續寫了〈隔絕〉、〈隔絕之後〉、〈慈母〉、〈旅行〉等短篇小說，以淦女士的筆名在創造社辦的《創造季刊》、《創造週報》上發表。小說集在一九二六年出版時，共收四篇，再版時又加二篇，即〈寫於母親走後〉和〈誤點〉。短篇之間略帶連續性，主人公姓名雖不同，但性格是一致的，前後情節也是連貫的。

故事永遠是當時最流行的故事，非常系統地表現了一個少女生活的全部過程，彷彿是一個女性青春時代的自傳。不外乎是青年人對父母之命，媒妁之言的離棄，他們要求新的愛情和婚姻，要有自由，而父母和社會則在盡力地維護從來如此的原則。馮沅君的小說故事簡單，好看的倒是小說裡那些大膽的言論，女主人公大膽、熱烈、坦率：

她說，人們要不知道爭戀愛自由，則所有的一切都不必提了。

她說，身命可以犧牲，意志自由不可以犧牲，不得自由我寧死。

她說，我詛咒道德，我詛咒人們的一切，尤其詛咒生，讚美死，恨不得把整個的宇宙用大火燒過，大水沖過，然後再重新建築。想到極端的時候，不是狂笑，便是痛哭。

馮沅君的表妹吳天在北京讀書時，認識了北大物理系讀書的同鄉王某，兩人經常通信，暗生情愫。吳天小時候由父母做主，許配給家鄉的一地主的兒子牛漢陶，牛漢陶是個不求上進的紈絝子弟，到了結婚年齡，母親和牛家都要求馬上結婚。吳天堅決反對，就和母親發生激烈的衝突，女兒抗婚是家門恥辱，家體內部發生了劇烈衝突。吳母把女兒鎖在一間小屋子裡，不允許她到北京上學。吳天堅決地和母親抗爭，絕食自殺，吳天的兩位哥哥是美國大學歸來的留學生，受到歐風美雨的洗禮，站在妹妹一邊，支持她的自由戀愛。吳天終於被釋放回北京繼續念書。

小說的故事結束了，現實的故事還在繼續。陸侃如在一九七八年國慶日，愛妻馮沅君逝世四周年時，寫了一篇文章〈憶沅君〉，重述〈隔絕〉、〈隔絕之後〉寫作始末，把小說之外的故事講出來。吳天繼續回到北京讀書，和王某繼續著甜蜜的愛戀，但是支持吳天自由婚姻的哥哥，因為自己在美國得到了一個博士頭銜，有點處處以自己的留學身份壓人，瞧不起一切沒有博士頭銜的青年，雖然王某人聰明好學，但始終沒有留洋鍍金，吳天的大哥覺得這是沒出息的男人。吳天的大哥扮演了長兄為父的角色，要求她和王某斷絕往來，並且選擇一位自己留洋時認識的博士好友為結婚對象。王某學的是物理學，愛好文學，能寫優美的散文，由魯迅先生介紹發表在北京各種文藝刊物上，在文藝界有一定的名譽。為了滿足「博士迷」哥哥的要求，吳天和王某一起參加河南教育廳舉辦的官費留學考試，但由於北洋軍閥政府的腐敗，兩人未能如願。王某經魯迅推薦在北京一些中學內做老師，頗得學生喜愛，但是王某卻染上賭博惡習，使得生活維艱，往往要向吳天討要生活費。兩人生活變得拮据起來，愛情也受到影響，王某疑心吳天變心，加上徹夜賭博勞累，身體支援不住，染病身亡。這個後續的故事在五四時代背景下，彷彿是一個男版本娜拉出走之後的故事，出走之後將怎樣？革命第二天的故事總是這樣悲傷與空虛，填進不少年輕的生命進去。

陸侃如所說的王某是詩人王品清，其實不是吳天的戀人，而是馮沅君的早期戀人，一九二三年馮沅君是因他而歸鄉結束舊婚約，陸侃如怕是有意篡改故事，在亡妻的紀念文章中再提舊情殊為不當。王品清原名王貴珍，河南濟源人，北京大學物理系畢業，當時在北京孔德學校任教，《語絲》撰稿人之一，與魯迅、周作人交往密切，頗多信件往來，魯迅日記中也多次提及他，魯迅和周作人都很賞識他，認為他頗有希望的文學青年。一九二六年生病去世，周作人特作一文〈關於失戀〉紀念他，關於的他和馮沅君的戀愛，因為是個人私事不便多說，語焉不詳。王品清對馮沅君的小說是出過很大力的，魯迅給自己書的封面設計者陶元慶寫信，希望他能為《卷葹》做封面，並附注：

《卷葹》這是王品清所希望的。乃是淦女士的小說集《烏合叢書》之一。內容是四篇講愛的小說。卷葹是一種小草，拔了心也不死，然而什麼形狀，我卻不知道。品青希望將書名「卷葹」兩字，作者名用一「淦」字，都即由你組織在圖畫之內，不另用鉛字排印。此稿大約日內即付印，如給他畫，請直寄欽文轉交小峰。

馮沅君的小說混和著她個人的經歷與體驗、表姐吳天的戀愛經歷，其實恐怕自己的戀愛故事更多一些，比如希望妹妹嫁給留洋博士的大哥，有人猜測就是馮友蘭，而他希望妹妹選擇的對象則是陳寅恪、吳宓。《馮沅君與陸侃如》一書記載，陸侃如、馮沅君愛情的蓓蕾含苞待放，馮陸兩人確定關係之時，曾徵求長兄馮友蘭的意見，由於對陸的家庭某些情況不瞭解，馮友蘭沒有立即表示同意。馮、陸兩人又找到蔡元培、胡適等人，給馮友蘭寫信，讓他不必多過問，馮友蘭也就沒有再堅持。得到家裡默許後，於一九二九年一月二十四日在上海結婚。歷史的寫法都是為尊者隱諱，馮沅君的家人寫的文章自然不好說這些，其他人則不瞭解，馮友蘭的歷史文化地位，也不好重提這點瑕疵，何況陸侃如和馮沅君此後，琴瑟和諧，堪為愛情楷模。文學史上魯迅提攜和愛護馮沅君的記錄，到處可以找到，但馮沅君對文學前輩的愛護卻找不到任何回應的痕跡，除了不是同一個文學陣營，與胡適、成仿吾交往密切，而兩人又和魯迅反目外，王品清怕是一個不能逾越的心理障礙。

中國的文壇歷來有派系之別，馮沅君與魯迅屬於不同文學圈子，但魯迅還是給予了高度評價：

> （馮沅君的小說）雖嫌過於說理，卻還未傷其自然；那「我很想拉他的手，但是我不敢，我只敢在間或車上的電燈被震動而失去它的光的時候；因為我害怕那些搭客們的注意。可是我們又自己覺得很驕傲的，我們不客氣的以全車中最尊貴的人自命」。這一段，實在是五四運動直後，將毅然和傳統戰鬥，而又怕敢毅然和傳統戰鬥，遂不得不復活其「纏綿排惻之情」的青年們的真實的寫照。和「為藝術而藝術」的作品中的主角，或誇耀其頹唐，或炫鬻其才緒，是截然兩樣的。

馮沅君的小說是真實地內心寫照，但和同時代的女作家廬隱、石評梅、凌叔華、冰心等相比，她的小說女性色彩其實是很淡薄的。像馮沅君這種學者型女性，是不可能安於一個小小的女性世界的，這也應該是她真實的想法。廬隱小說裡女性的苦悶和徬徨，凌叔華小說中富足而不滿足的微妙女性心理，冰心小說裡的母性以及對家庭問題的聚焦，都是從女人的身心出發的。而馮沅君的故事都是男女兩人一體和整個社會的一場鬥爭，男女之間的關係是模糊的，整個故事都停留在同一戰壕與社會激戰的巔峰時段。這是馮沅君大氣的地方，她擺脫了纏綿悱惻的女孩情感世界，所運用的武器都是和整體社會相匹配的，比如她在小說裡一直尊奉的純潔高貴的尊嚴，至高無上的愛情觀，感覺上和抗爭對象是等量齊觀的。不過總覺得創作出這些故事的人性別不明，他完全可以是一個男人，因為馮沅君在小說裡讓那些女孩子高聲呼喊的，不也是當時籲求自由的男人們心有戚戚的嗎！馮沅君自小喪父，父權的強硬未曾過多地施加於她，而母親更是極力支持她讀書，所以在小說裡她對於母親也未必是反抗到底的，更何況現實生活中她的母親准許了她對幸福的追求。

年輕時代敢於冒犯權威毅然上街遊行的馮沅君，實際上並不是那麼尖銳和冒險的娜拉，高學歷使得她很順利地擁有優裕富足的生活，而伉儷情深，虔誠樂在其中的治學生活，使得她與那些在家庭和社會中無根漂泊的女人們，拉開一段差距。她不過是在青春不羈的年齡遇上了一個群情激奮的時代，她本質上仍然是一個比較冷靜的學者。馮沅君的人生是低調務實的，只有她自己知道，她走了自己應該走的路，收穫了應該收穫的東西。那些亢奮與衝動，都屬於風。

蕭紅

夢開始的地方

幾乎每一個時代都有雷同的方式來講述自己的故事，貼出面貌相似的標籤如四大美女、晚清四大名著、民國四大才女、民國四大公子等等，也許只有這樣的集體亮相才能讓一個時代多出很多想像的空間和熱鬧非凡的氣象，在這片寬闊無比的地域上，似乎沒有什麼比孤獨更像天敵。即使是這樣成群結隊被拉出來現世，我們也知道幸福的家庭式相似的，不幸的家庭卻各有各的不幸，每一個人都還是要承受各自的人生，並不會沐浴到公共的福祉，也不會因為講故事人逃避孤獨的傾向而終結孤獨，比如蕭紅，和呂碧城、石評梅、張愛玲並稱民國四大才女，當然這是一家之言，還有其他的說法。可是非常確定的是，無論如何列舉民國時期的才女，蕭紅以她無與倫比的才華都是在列的，可她的不幸也是赫然的，她是四大才女中最為悲苦的。

一九一一年，蕭紅出生於黑龍江省呼蘭縣的一個地主家庭，父親張廷舉是一個讀書人，早年畢業於黑龍江省立優級師範學堂，長期任教後從政，曾擔任縣教育局長和督學等職位。具有濃厚的封建統治階級思想。張廷舉是一個性格暴躁、喜怒無常的傳統男人，非常忌諱別人對他權威的冒犯，在蕭紅的記憶中，他對祖父、母親、下人都不好，尤其是對蕭紅更是不近人情，所以她說：「父親在我眼裡變成一隻沒有一點熱氣的魚類，或者別的不具著情感的動物。」首先是重男輕女的思想讓蕭紅感到了異樣的眼光，父親、母親還有祖母都因為第一胎是個女孩而對蕭紅很冷淡，甚至一度不讓蕭紅上學讀書，這在一個耕讀傳家的地主家庭實在讓人不解。張廷舉在蕭紅讀高小一年級的時候，將她許配給省防軍第一路幫統汪廷蘭的次子汪恩甲為未婚妻。又過一年，蕭紅從小學卒業上中學的時候，張廷舉在是否繼續念書的問題上與蕭紅起了巨大的衝突，父親的暴躁和專制讓蕭紅忍無可忍，最後蕭紅以出家當尼姑逼迫父親向她屈服，秋季讓她入女子中學。此後，父女之間的衝突就是一浪高過一浪，在初三的時候，蕭紅結識了哈爾濱法政大學學生陸振舜，她向父親提出解除與汪恩甲的婚約，遭到父親的拒絕，張王兩家積極為蕭紅嫁娶做準備，蕭紅面臨著與王恩甲結婚，還是跟陸振舜去北京讀書的最後抉擇，初中畢業後蕭紅離家出走與陸振舜私奔到北京。

這件事極大地觸怒了父親，在閉塞的呼蘭河縣城成為街頭巷尾的談資，家人倍受輿論的壓迫，父親也因為教女無方影響惡劣被解除職務，姊妹們為輿論威壓被迫相繼轉往外地求學。更何況還有未婚夫汪家的發難，陸振舜已婚的身份，讓張家顏面大失，陸家和張家一起斷絕了兩人經濟來源。他們在北京生活無著，被迫與家裡妥協，蕭紅答應回家與汪恩甲完婚。汪恩甲的大哥，對蕭紅以前離家出走一事耿耿於懷，對弟弟「懦弱」的遷就行為很是不滿。於是迫使汪恩甲「休掉」蕭紅。蕭紅於是去法院，告汪恩甲的哥哥「代弟休妻」。汪恩甲為保全大哥在教育界的名聲，承認是自己要休妻的，蕭紅一氣之下回到家庭，兩人暫時分手。這次回家蕭紅的處境更糟糕，整個家庭都視有叛逆個性的蕭紅為「洪水猛獸」，事實上是被禁錮起來，生怕她再給家族蒙羞闖禍。在孤獨無依的生活中，忍受著精神和身體的雙重不自由，蕭紅終於痛下決心離開這個讓自己傷痕累累的家庭，於是在一個夜黑人靜的晚上再次逃離張家，終生沒有再回來過。蕭紅與父親之間的矛盾到達了頂峰，父親將蕭紅視為「大逆不道，離家叛祖，侮辱家長」，宣佈開除其族籍，與女兒脫離家庭關係，從族譜中刪除蕭紅的痕跡，在其母姜玉蘭的條目下，也只寫「生三子」而不寫生一女三子。父女兩個終生沒有和解過，九四二年蕭紅孤獨地在香港離開世界，張廷舉雖然在日偽時期做過日本維持會會長，但因為並無大惡，並且因為蕭紅左翼作家的身分逃過政治的懲罰，安然度過晚年。這樣的後續故事讓人覺得荒謬和傷感，兩人之間的現實關係到此為止，而在文學中或者在精神的陰影中，父親還一直都在那裡。

蕭紅再次出逃後，流浪在哈爾濱街頭，實在打熬不下去時，她想到唯一可能幫助自己的人居然是未婚夫汪恩甲，好在汪恩甲同意幫助，但要求與她同居，蕭紅這個倔強地反抗父親、反抗婚姻的女鬥士在現實面前低下了頭。後來蕭紅發現受騙，於是再往北平，試圖尋找一種獨立的生活，汪恩甲追蹤而至，接她返回哈爾濱的一家旅館，而這時蕭紅已經有數月身孕，汪恩甲在原因不明的情況下一去不返，丟下蕭紅孤身一人，旅館老闆扣押下蕭紅抵債，並發出警告，如果她在規定的時間內償還不了就被賣去當妓女。

蕭紅一個人拖著沉重的身體被趕進一間冰冷的儲藏室，在孤獨無助中，喜歡閱讀的蕭紅想起了向當地的報館求救，一開始自尊的蕭紅附上一篇自己的小詩〈春曲〉連同一封說明信，郵到離旅館不遠的《東三省商報》副刊《原野》，據當時的編輯方未艾晚年回憶，信是這麼寫的：

編輯先生：

我是被困在旅館的一個流亡學生，我寫了一首新詩，希望在你編的《原野》上能夠發表出來，在這大好的春光裡，可以讓人們聽到我的心聲。

方未艾認為小詩不錯，放入「待發稿件」中，並沒有讀出蕭紅求救的信號。蕭紅等不到回音，於是在萬分緊急中發出了淒苦的求救聲：

……難道現今世界還有賣人的嗎？有！我就將被賣掉……

副刊負責人裴馨園看到了這個女孩子撕心裂肺般的叫喊聲，有著強烈正義感和責任感的老裴坐不住了，他召集自己的朋友前去營救，營救失敗後暫時穩住旅館老闆和蕭紅，多方湊錢，在這個過程中，作為報社的一名業餘編輯的蕭軍出現了。蕭軍先是冷漠地對待這件事，因為身在底層的憤怒的青年已經看透了這個社會的規則，空有一腔正義和熱情，卻根本解決不了問題，但在朋友們的熱情鼓動下，他抱著好奇的心態去見了蕭紅，蕭紅的眼神、語言和氣質打動了這個魯莽的流浪漢子，兩人迅即墜入愛河。稍後，蕭紅在這幫文藝青年的協助下，趁哈爾濱發大水的機會逃了出去，與蕭軍結合。在蕭軍的幫助下，蕭紅在醫院裡產下一個女嬰，貧困中被迫送人。

蕭紅在無限的惆悵和痛苦中，像尋找救命的稻草一樣抓住了蕭軍，此後，他們一面維持生計，一面開始寫作。一九三一年「九一八」事變之後，東北陷入了日本軍隊之手，許多青年學生、知識分子開始逃亡，蕭軍和蕭紅就是夾雜在逃亡隊伍中的一對青年作家，他們從哈爾濱到青島，再到上海，於一九三四年十一月初到了上海。在上海，他們找到了魯迅，魯迅大力推薦蕭紅蕭軍的作品，為他們的作品親自作序，生活上也極力照顧，正如蕭紅說的，「只有他才安慰著兩個飄泊的靈魂」。通過魯迅，他們的文稿陸續得到發表，在十里洋場中很快便站穩了腳跟。就在他們冉冉上升為兩顆閃耀的文壇新星的時候，家庭共同體出現了可怕的裂痕。蕭軍說過：「適合自己的女子應該是史湘雲或者是尤三姐，斷不可是林黛玉或妙玉，而蕭紅恰恰是後者。」蕭軍與蕭紅之間是有著電石火光裡盛開的愛情，也有著無法彌合的裂痕。蕭軍是典型的北方男人，文人中的武士，他一直以強大者和保護者自居，對蕭紅敏感脆弱的心靈缺乏足夠的瞭解和體貼，尤其是在文藝創作上，時有發生的戲謔與譏嘲，是蕭紅所不能忍受的。更為悲劇的是，從專制家庭中逃離出來的蕭紅，居然面臨新的家庭暴力，作家靳以和梅志曾親眼見證的蕭軍對蕭紅包裡後留下的臉部外傷，這給一直追求自尊和自由的蕭紅帶來的屈辱和損害可想而知。有一次幾個朋友聚會，他們看到蕭紅臉上有一塊青腫，朋友問她怎麼了，她說是跌傷的，蕭軍冷笑道：「別不要臉了，什麼跌傷的，還不是我昨天喝醉了打的。」事情的轉折是蕭軍的婚外戀，蕭軍已經陸續和兩位有夫之婦鬧婚外戀了，顯然二蕭之間的感情越來越不好，兩人曾經在朋友的勸說下分開一段冷靜冷靜，蕭紅一度遠走東京，但是仍然沒有因為距離或者冷靜而讓兩人感性再度升溫。一九三八年春，在西安，她終於與蕭軍在平靜中艱難分手了。這一段以傳奇開端的愛情故事，以這樣的殘局結束，是誰都沒有料想到的，而此時蕭紅最信任的導師、朋友魯迅先生，深陷重病，沒有能力再施以援手。

不久之後，蕭紅以出人意料的方式和他們的朋友端木蕻良走進了另一端婚姻，儘管有流言蜚語，儘管有親朋好友的反對，蕭紅還是義無反顧地跟上了一個她希望獲得溫情的男人，一個性格與蕭軍截然相反的溫柔的男人。在婚禮上胡風提議新人談談戀愛經過。蕭紅說：

張兄，掏肝剖肺地說，我和端木蕻良沒有什麼羅曼蒂克的戀愛史。是我在決定同三郎永遠分開的時候我才發現了端木蕻良。我對端木蕻良沒有什麼過高的要求，我只想過正常的老百姓式的夫妻生活。沒有爭吵、沒有打鬧、沒有不忠、沒有譏笑，有的只是互相諒解、愛護、體貼。……我深深感到，像我眼前這種狀況的人，還要什麼名分。可是端木卻做了犧牲，就這一點我就感到十分滿足了。

蕭紅說的「像我眼前這種狀況的人」，指的是她有孕在身，孩子是蕭軍的。人不可能在同一個地方跌倒兩次，蕭紅卻完全顛倒了這個說法，八年的時光恍然而過，蕭紅被困賓館時跟蕭軍相遇與現在的局面是何其相似，彷彿這個瘦弱的女孩子，一直深鎖在時光裡，老去的只是時間，而她並沒有長大。

儘管在結婚之前，蕭紅曾對聶紺弩說，端木是膽小鬼、勢利鬼、馬屁鬼，一天到晚都在那裡裝腔作勢。但是蕭紅渴望溫暖，她架不住自己的懦弱和不安的唆使，又一次走進了婚姻，而這一次也並沒有比任何一次更好，當然也不能說就更壞。隨著戰事擴大，蕭紅遠走香港，這一次遠走他鄉，她再也沒有回來，被疾病包圍中，連端木蕻良都不在跟前，年僅三十一歲的生命也就此畫上了戀戀不捨的句號。

蕭紅說：「我一生最大的痛苦和不幸，都是因為我是一個女人。」這句話應該是她對自己這些年來愛情和婚姻生活的總結，她所渴望和嚮往的那種溫暖除了祖父和魯迅，她生命中的那些男人們都沒有給予過她，相反地，他們給她的世界帶來的只有苦痛。在持續的失望中，她只能用文字一次一次地回到故鄉和童年時代，從那裡尋求對現實殘缺的彌補。少女時期的蕭紅是一個很敏感的女孩，這一點可以從她作品的童年視角中看得出，一個少女睜大了眼睛打量著這個芸芸眾生的故鄉大世界和家庭小世界，連一個目光，一聲叫喊都不會逃過她敏感的神經，把童年所看到的一切原班人馬地帶入文字的世界，比如她的名篇《呼蘭河傳》，蕭紅用憂傷的語氣，淡淡地講述呼蘭河這座小城市裡一個少女隱秘的愛和憂傷。作品中幾乎貫穿著這一句傷感又溫暖的話：「呼蘭河這小城裡邊住著我的祖父。」蕭紅與祖父之間的感情是她童年時代唯一的快樂來源，也是她走上創作道路後以文字和記憶不斷靠近的地方。作品用奇特的虛擬語氣，「仿兒童語氣」，句式單純明晰，顯得稚拙，有時又有點囉嗦，像個喜歡說話以引起別人注意，又常常表達不清的孩子，充滿了兒童式的奇特想像和信馬由轀的思路。似乎是沒有中心，漫無邊際而不厭其煩的絮絮講述，這是一個寂寞孩子的囈語的世界：

我家有一個大花園，這花園裡蜂子、蝴蝶、蜻蜓、螞蚱，樣樣都有。蝴蝶有白蝴蝶、黃蝴蝶。這種蝴蝶極小，不太好看。好看的是大紅蝴蝶，滿身帶著金粉。蜻蜓是金的，螞蚱是綠的，蜂子則嗡嗡地飛著，滿身絨毛，落到一朵花上，胖圓圓地就和一個小毛球似的不動了。花園裡邊明晃晃的，紅的紅，綠的綠，新鮮漂亮。

這是一個多麼單純和簡單的世界，有一種任性的快樂。這些都是祖父帶給蕭紅的，祖父在這個世界就在，祖父是蕭紅這一生最溫暖的顏色，是最不一樣的那一束花火，祖父和呼蘭河這座小城一樣永遠是這個脆弱生命的底色：

我出生的時候，祖父已經六十歲了，當我長到四五歲時，祖父就快七十了。我還沒有長到二十歲，祖父就七八十歲了。祖父一過了八十，祖父就死了。

在〈祖父死了的時候〉這篇文章中蕭紅說：

我若死掉祖父，就死掉我一生最重要的一個人，好像他死了就把人間一切「愛」和「溫暖」帶得空空虛虛……我懂得的盡是些偏僻的人生，我想世間死了祖父，就沒有再同情我的人了，世間死了祖父，剩下的儘是些兇殘的人了。

多年來，學術界對蕭紅與魯迅的關係有各種猜測，是真是假，這些身後故事不值得去仔細推敲。一個經常走在懸崖邊上女孩子，希望有一位守望者是多麼正常的念頭。蕭紅在北京與好友李潔吾談話，李說：「魯迅先生對你真像是慈父。」蕭紅聽罷，立刻糾正說：「不對！應當說像祖父一樣……」對比她這一生中的其他遭遇，的確再也沒有人像祖父那些寵愛過她，或者與祖父的寵愛比起來，即使是深愛都顯得黯淡了許多。魯迅畢竟不是那個一心讓她歡喜的祖父，他是文藝青年的領袖，他還有居家的柴米油鹽，挈婦將雛的尋常日子，據梅志一九八四年回憶，對於蕭紅的不斷來訪，且一來半天不走，許廣平有時頗有煩言，向她大訴其苦：

蕭紅又在前廳……她天天來，一坐就是半天，我哪能有時間陪她，只好叫海嬰去陪她，我知道，她也苦惱得很……

蕭紅極為敏感，這些人情世故想必也是能看出眉高眼低來的，但是她大概太眷戀這個能給她一絲溫暖的地方了，所以在與蕭軍分手的那段日子，她常常一去就是半天。

蕭紅短暫的生命歷程中，情感上一半是海水一半是火焰，她一方面很倔強，在勇敢出逃的時候，在抉擇的關頭，轉過臉去她又太軟弱，太過貪戀那些零星的溫暖，而這些溫暖又是如此地不可靠，所以在生命的終點她說出了這些怨憤：平生遭盡白眼，身先死，不甘、不甘。所以她的一生就是在這種兩極悖反中掙扎，現實的困窘與對溫柔、童話般故鄉渴望，蕭紅臨死有這樣的一個遺言給端木蕻良：「要葬在魯迅墓旁。」她多麼希望在身後能返回那個給她祖父一樣愛的人身旁，但這個願望根本不可能實現。一個以童話開始的生命很難以童話結束，呼蘭河這座小城承載的只是一個少女期時代的夢，並且只是在文學的世界裡，它是慈祥的祖父，是任性的自己，是太陽下曬暖的夢鄉。

楊沫

那時花開

「家國不幸詩人幸，話到滄桑句便工。」這句話對童年不幸的楊沫來說再貼切不過，民族多災多難，時代兵荒馬亂，家庭女孩子又比男孩子多了來自性別本身的磨難，楊沫就是從走過來的。

一九一四年的夏末秋初，北京楊家的第二個孩子出生，是一個圓臉，大金魚眼睛，扁鼻子，闊嘴，胖乎乎的女孩，不愛哭也不愛笑，被家裡人稱作「老乖子」，大概是詩書家庭的殷切希望，父親居然為一個女孩取名楊成業，和哥哥楊成勳一樣，寄託了父母的宏圖大志。幾年後，楊家又陸續添了兩個女孩二妹楊成亮，三妹楊成芳，即後來的電影演員白楊。母親叫丁鳳儀，湖南平江縣人，出身書香門第，曾在長沙女子師範學校讀書，俊美出眾，懂詩文，遠近聞名。

楊沫的父親叫楊震華，湖南湘陰人，出身農家，中過舉人，畢業於京師大學堂（北京大學前身）商科，先後創辦新華商業講習所、新華商業專門學校和國內第一所私立大學——北京新華大學，培養了許多新式商業金融人才。他頭腦聰明，又懂商業，通過辦教育為名，募集到一大筆捐款，低價在熱河省灤平縣買了不少土地，收取農民地租，以此維持學校的運轉，他自己也很快發達起來，成為大地主。

新式知識分子，家資豐碩，郎才女貌，所有可以用來形容生活美滿和富足的辭彙，其實都可以用在楊沫父母身上，完滿的讓以條件衡量一個家庭的人無話可說，然而命運還是走了神，這些很快都變成徒有其表。新式知識分子還是沒有走出鄉土地主家運的怪圈，漸漸沉醉於聲色犬馬之中，不管全家老小。同樣是新式知識分子的妻子，全無傳統家庭婦女的忍辱負重，溫良謙恭，她以其人之道還治其人之身，既然丈夫是吃喝嫖賭，她也索性做起闊太太，吃喝打牌到處交際。唯一可憐的就是兒女們，頂著大戶少爺、小姐的名分，過著無人關心呵護的生活，楊沫後來在一篇文章中寫道：「我父母不和，他們都各自尋歡作樂，不管兒女。我幼年雖然生活在這個大學校長的書香之家裡，家中有時還有幾個傭人，人們還管我叫著大小姐。可是，幼小的我，過的是一種什麼生活呀！數九寒天，我穿著露著腳後跟的破襪破鞋，腳後跟生著凍瘡，流著膿血。渾身長滿蝨子，成天和街頭撿煤渣的孩子一起玩，一起在寒風中亂跑。」可見楊沫一直對此耿耿於懷，覺得自己雖然有親生父母，事實上卻形同孤兒。

家庭沒有給年少的孩子們任何溫暖和安全，相反地，它是個冰冷的，陰暗的，不堪回首的地方。父親楊震華吃喝嫖賭也就罷了，他還不消停到娶進家姨太太，丁鳳儀豈能容忍，不斷跟他爭吵，還一個一個打跑了他的姨太太。那些姨太太都是楊震華用很高的價錢，從當時有名的妓女中贖買出來的。但丁鳳儀打跑第一個，楊震華再偷著討第二個，打跑第二個，再討第三個……反正他有錢，這位大學校長風流成性，後來乾脆搬到外面居住。這樣的家，除了哭喊就是吵罵，女人們爭風吃醋，撕破臉皮大罵出手，對年幼的孩子來說，既是鬧劇，更是悲劇。家庭磨損了女人的性情，丁鳳儀漸漸顯露出性格乖戾暴躁的一面，她把孩子當成出氣筒，說打就打，用苕帚疙瘩、雞毛撣子打或者手擰，甚至牙咬，因為咬比較省力，又解恨，母親的嚴酷無情是畸形的，有時候到了常人難以理解的地步，丁鳳儀晚上常常出去打牌，留下楊沫一人守在那個空蕩蕩的房間裡。一個深夜，楊沫已上床睡著，被開門說話的聲音驚醒。在昏暗的燈光下，她看見丁鳳儀正要向外走，急得哭了起來。她不顧一切地跳下床，追了過去，要跟媽媽在一起。年幼的她害怕黑暗，害怕妖怪。可萬萬沒料到，丁鳳儀卻狠狠抽了她兩個嘴巴，怒吼道：「滾回去，睡覺！」似乎是對這一對踐踏幸福夫妻的懲罰，沒有持續多久，殷實的士紳之家開始衰敗，楊家囤積在灤平的農田不斷變賣，家裡不再租包車，傭人也逐一辭退，宅院不斷出賣，變得越來越小。

孤獨寂寞的楊沫找到了自己的知音——書，家裡的藏書很多，識字之後楊沫就愛上了看書，在虛擬的世界裡，她看到了與自己的家庭不一樣的世界，那裡有幸福和美滿，自己一下子彷彿擁有強大的力量可以打抱不平、除暴安良，可以改變不美好的世界，可以找到依靠和信賴，還可以看到一個無限擴展的多彩世界，這些填補了一個少女精神的空虛和情感的冷漠。

在十二三歲的年紀，家庭找不到溫暖，不過有一個人卻在她心目中留下深刻的記憶，甚至可以說影響了楊沫一生的選擇。家境衰落後，楊沫全家搬到北京西四附近的皇城根居住，常來這裡走動一位略帶神秘色彩的客人，是楊沫父母的同鄉友人，楊沫很喜歡他，不僅僅因為他和藹可親，氣度不凡，而且還見多識廣，他很平等地和楊沫聊天講故事，認真地回答她提出的問題，他就是共產黨員叫方伯務。有一天晚上，他在楊家待了好久才離去。不久就傳來了他被殺害的消息。他是與李大釗等二十人被軍閥張作霖絞死的。楊沫在《順天時報》上發現了這消息。方伯務的死不僅使她悲痛哀傷，更多的是驚奇、迷惑，她後來在〈答親愛的讀者〉一文中說：

這個消息給了孩子的心靈多麼大的震動呀！當時我是那樣地奇怪，他為什麼要被絞死呢？他既不是強盜，又不是壞人，他有學問，又那麼誠懇、熱情、謙虛……直到今天，我的眼前還浮現著他那溫和的笑容。於是，共產黨員的崇高形象，從小就烙印在我的腦海中。

一九二八年楊沫十四歲時，考入北京西山溫泉女中，這個學校頗有歷史淵源，當時是中發大學下屬的中小學部的一部分，文化名人李大釗、蔡元培等都在這個學校留下足跡，學校圖書館裡的書籍、中外名著深深地吸引了熱愛讀書的楊沫，在溫泉女中這三年的初中生活給楊沫打下了一個比較堅實的文學基礎。多年以後楊沫在回憶這一段事情的時候，還是很感慨地說，她說她一生中雖然只在溫泉讀了三年書，但這三年卻打下了她後半生從事文學事業的基礎。在這裡她最早讀到了五四時代的文學作品，作品中的反抗心聲與青年熱情激盪了她的心靈，她讀到了著名作家郭沫若的詩、郁達夫的小說，甚至接觸到了日本左翼文學家小林多喜二的作品，激發了她對革命和外面世界的嚮往。

一九三一年上到初三年級時，楊沫的生活一下子陷入更大的困境，父親為躲債，逃之夭夭，全家更加貧困。為減輕家裡的負擔，母親打算把楊沫嫁給一個有錢的軍官，這樣既省了一筆開支，家裡又能有個依靠，楊沫先是以讀書為理由拒絕，但是專制的母親怎麼會顧及無用的讀書？楊沫與母親鬧僵，被母親趕出家門，並拒絕供應她吃穿。生活無著落的楊沫跑到北戴河，去找在那裡教書的哥哥。哥哥為爭取婚姻自由，不惜與家庭決裂，遠走高飛，楊沫把他當成了唯一的依靠和支柱，但哥哥自顧不暇，力量有限，根本沒能力幫助楊沫。殘酷的生活一度讓楊沫產生自殺念頭，她想選擇跳進浩瀚的大海，美麗、壯闊、萬世長存。可快滿十七歲的她，如花樣的年紀，未來的世界在召喚她，她心有不甘，正在這個關頭工作問題有了希望，好朋友託自己表哥，她表哥跟當時剛考入北大的張中行認識，又託張中行，張的哥哥當時在河北省香河縣立高小當校長。如此七拐八拐終於找到了工作，也遇到了生命中的第一段真正意義上的愛情。北京大學的學生張中行是香河縣東河屯鎮人，博學多識，滿腹經綸，風度翩翩，對抗婚的女中學生充滿好奇和同情，答應幫忙找工作。楊沫於是與張中行見面相識。楊沫給張中行留下了深刻的印象，第一面的印象張中行記在了《流年碎影》裡：

> 她十七歲，中等身材，不胖而偏於豐滿，眼睛明亮有神。言談舉止都清爽，有理想，不世俗，像是也富於感情。

儘管張中行家中有舊式妻子，但是戀愛這才是第一次體會到，戀愛中的新式男女完全沒有把已有的婚姻當作障礙，兩人談得非常投機，彼此印象都相當好，沒過多久就已經難捨難分，戀戀不捨。楊沫到河北香河去教書，兩人開始了頻繁的通信聯繫，感情迅速升溫。在楊沫少女的生活中，充滿了太多的冰冷和寂寞，張中行的出現給了她呵護和溫暖，讓她嚐到了完整的屬於一個人的幸福。

沒多久楊沫就懷了孕，張中行並沒有表現出初為人父的興奮，還是學生的張中行，並沒有收入，完全靠家裡接濟，生活艱難，楊沫懷孕後，就面臨著養家的壓力。敏感的楊沫感到再次被家人冷落，剛剛體會到溫暖的心靈又一次被疏遠。性格好強的她一度離家出走，不再去找他。在這段時間內，由於誤會和隔閡兩人越走越遠，加上經歷母親病故，家庭分散，楊沫心情灰暗到極致，最後大肚子的她選擇自己去小湯山親戚家把孩子生下。不過這只是年輕夫妻之間的一個不和諧的小插曲，也為後來的兩人甜蜜世界埋下了不祥的種子。生子後，楊沫與張中行又恢復了聯繫，彼此原諒，互相發現都放不下對方，並且更加恩愛，一九三二年下半年，兩人在沙灘的小公寓裡開始同居。日常的生活狀態是張中行研習學問埋頭苦讀，楊沫給丈夫做飯、洗衣、縫縫補補，過著失學失業，半饑半飽的生活。儘管如此，兩人還是有著文人特有的樂趣，張中行曾經送給楊沫一首詩：

陽春二三月，楊柳齊作花，春風一夜入閨闥，楊花飄蕩落南家。
含情出戶腳無力，拾得楊花淚沾臆。秋去春還雙燕子，願銜楊花入窩裡。

楊沫是有理想的女生，日復一日平淡瑣碎的小市民的生活，越來越遭到自己內心的抵觸。楊沫的妹妹白楊此時已經是一個具有進步傾向的明星，在她周圍有一群進步青年，很多都是共產黨的早期成員，比如新四軍文藝幹部許晴、女詩人陸晶清的哥哥陸萬美、左翼作家宋之的、邸力等，他們在一起討論革命和時代，意氣風發充滿熱情，讓楊沫的世界變得格外敞亮。楊沫在〈青春是美好的〉裡寫到：

> 聽到他們對於國內國際大事的精闢分析，使我這個正在尋求真理，徘徊歧途的青年猛醒過來——啊，人生並不都是黑暗的，生活並不都是死水一潭！原來，中國共產黨人為了拯救危亡的祖國，為了一個美好的社會的誕生正在浴血奮戰！

在這些人的影響下，楊沫接觸了馬列主義新學說和一些革命書籍母親，還看了高爾基的《母親》（*The Mother*）、法捷耶夫（Alexander Alexandrovich Fadeyev）的《毀滅》（*The Rout*）和綏拉菲莫維奇（Alexander Serafimovich）的《鐵流》（*The Iron Flood*）後，她渴望做一番事業，對現實不滿，渴望和時代的大潮發生關係，希望自己參與到時代的巨變中去，而不是關在屋子裡柴米油鹽的家庭主婦。

楊沫與張中行最根本分歧在於政治，那是時代導致的一種政治化的家庭關係，張中行不關心國家政治，一心一意做學問，而楊沫卻開始有了共產黨傾向，這讓張中行非常不滿，或許更多的是對她的擔心。由這個根本點開始，兩人感情上的裂痕越來越大。儘管如此，兩人之間的感情還是深厚的，楊沫的兒子老鬼在回憶錄《母親楊沫》中記述了這樣一件事，楊沫到灤平縣辦事，因吉鴻昌將軍在長城一帶抗日，交通斷絕，一時間回不到北平。張中行急壞了，如熱鍋上的螞蟻，坐臥不寧。寫了一篇情深義重的散文，登在報上，寄託自己的思念。吃不好，睡不好，整整瘦了一大圈兒。楊沫返回來後，很受感動。一九三六年春，張中行大學畢業到天津南開中學教書，他們的生活條件得到改善，但是要求獨立和自由的楊沫希望能出來工作，並再次來到香河縣立小學教書。

在香河縣立小學楊沫遇見了共產黨員馬建民，他成為楊沫的第二任丈夫。馬建民是共產黨員，較早參加了共青團，有豐富的革命經歷，在保定一代從事地下活動，楊沫請張中行的哥哥為他安排小學教員的位置，掩護他從事革命活動。馬建民是楊沫的入黨介紹人，也是真正影響楊沫走向革命道路的第一個人。楊沫與張中行在思想道路上分道揚鑣，很快婚姻解體，楊沫也找到自己的同路人。

楊沫與張中行的故事是革命路上兩種不同人分道揚鑣的再平常不過的故事，即使不是革命者，思想上不能溝通也會走上歧途，但是事情的轉捩點就是楊沫寫了一部小說。小說是以楊沫、張中行、馬建民以及其他青年共產黨員為原型的，這就是楊沫人生中不同尋常的地方。這部小說在五〇年代風靡全國，被拍成電影，影響了一代人，小說是典型的少女成長小說，按照楊沫的個人身世幾乎可以對號入座，林道靜由一個從封建家庭中叛逆出逃的少女，遇到北大學生余永澤而逐漸轉變成小資產階級知識分子，繼而不滿足於家庭的束縛，受到許多進步青年的影響成長為一個無產階級先鋒戰士，經歷了與封建家庭、與個人主義小家庭、與舊我等三次重大決裂。儘管林道靜仍然有許多幻想和布爾喬亞思想，但是她真的是一個一往無前的人，始終在檢討自己的生活，不滿足於既定的生活方式和思想方式，她應該就是毛澤東所期望的青年想像——永遠地「繼續革命」。這部小說把余永澤塑造成了一個自私自利的小資產階級知識分子，而事實上張中行與這個人物有很大差別，解放後，張中行因此遭受許多不白之冤，不過個性豁達的張中行並沒有就此杯葛他人，他說，人家寫的是小說，又不是歷史回憶錄，何必當真呢？就是把余永澤的名字改成張中行，那也是小說，我也不會出面解釋。即使是在文革中，楊沫被打翻在地，張中行都沒有藉機對楊沫落井下石，他說楊沫比我積極，她是革命的。

故事的後續卻是非常遺憾，因他人的一篇涉及當年感情的杜撰文章，楊沫與張中行再次分裂，張中行這次出言甚嚴，連楊沫的追悼會他都拒絕參加，道不同不相為謀，她早已不是我所認識的楊沫。他認識的楊沫，是十七歲時眼睛明亮有神，言談舉止都清爽，有理想，不世俗感情豐富的楊沫，是自尊任性，在房間讀書，等待他歸來的花朵一樣楊沫。楊沫後來地位一度很高，成為文化界的明星寵兒，可是她的行事方式依然停留在那個時代，依然有一種奮鬥不息的衝動，永保著青春的激情，以致忽略了家庭，她所討厭的家庭冷漠卻吊詭地發生在她身上，她沉浸在工作中，忽視家庭，不關心兒女的感受，同樣是作家的兒子老鬼一直對她的漠不關心頗有微詞。

楊沫從本質上來說是青春型的作家，一直都在本色寫作，寫自己寫得最好，在青春期的故事以外再也沒有寫出更有影響力的作品，生命永遠停格在那個花開的年紀。楊沫成功塑造了共產黨員的形象，政治選擇她的小說作為宣傳，是機緣巧合，並不是她的主動選擇。她唯一明確的是寫出了自己的青春，對於她來說青春即是一生。

持燈的使者

冰心

一九一九年五四運動爆發，對世界充滿想像和不滿的年輕人們有的走上街頭，有的離家去國，有的拿起紙筆，開始他們對這個國家的改造和革命。一個柔弱的少女從一九一九年九月起，以冰心為筆名寫了許多問題小說，〈兩個家庭〉、〈斯人獨憔悴〉、〈秋風秋雨愁殺人〉、〈去國〉等，在社會上引起了較為強烈的反響。緊接著，她受在中國影響較大的泰戈爾《飛鳥集》的激發，又寫出了短詩集《繁星》和《春水》，謳歌母愛、童心和自然美，淺吟低唱自己「愛的哲學」，年少成名，為文壇矚目。

一帆風順的路其實沒有走遠，成名不久生活就出現了波折，一九二一年九月四日《晨報副刊》等出劉廷芳的短詩〈寄冰心〉：

千萬寄語她，
不可不一來；
來述我們往日如夢的歡情，
來預言我們前途簇新的生活，
來慰我們現在百結的寂寥，
來寫我們萬縷千絲——
欲訴不能的衷曲。

這首詩相當直白地表達對冰心追求的激情，言語間有輕薄調戲的味道，這讓年少單純的冰心感覺受辱，即寫成〈蓄道德能文章〉含沙射影地回擊劉廷芳說：

作家最要的是人格修養；等人格修養得高尚了，再去做文章，或者就不至於妨害他人，貶損自己！

冰心就讀的燕京大學同窗們還致函報館，要求澄清〈寄冰心〉沒有寄達冰心這一事實。魯迅為這兩件事惱怒，認為冰心過於愛惜羽毛，小題大做，魯迅曾在與周作人的通信中譏諷冰心與因遭調戲而上吊的女人無異。魯迅對冰心的不友善並非是個人恩怨，他一向「引那叫喊和反抗的作者為同調」，冰心「愛的哲學」顯然有無關痛癢粉飾現實之嫌疑，格格不入也就再所難免。文壇領袖魯迅此後幾乎一直厭惡冰心，直把她劃入胡適、徐志摩一派，直到一九二九年還曾在與許廣平的信中還捎帶罵一句冰心：

> 傍晚往燕京大學講演了一點鐘，聽的人很多。我照例從成仿吾一直罵到徐志摩，燕大是現代派信徒居多——大約因為冰心在此之故——給我一罵，很吃驚。

在中國男尊女卑的時代，女人從男人的世界裡沖出來就是一種進步，所以五四一代的女作家，無論作品成功與否，都是勇氣和進步的代表，她們受到文壇名人的鼓勵與愛護的故事，也是比比皆是，魯迅之於蕭紅、葉紹鈞之於謝冰瑩、胡適之於蘇雪林等幾乎都不吝讚美的言辭。冰心幾乎是個例外，滿蘊著溫柔、微帶著憂愁，欲語又停留的風格，不僅不被魯迅看好，其他人也語帶嘲諷。陳西瀅說冰心的小說「一望而知是一個沒有出過校門的聰明女子的作品，人物和情節都離實際太遠了」。蔣光赤則略帶諷刺地說冰心女士是個「小姐的代表」，她「走來走去，總跳不出家庭的一步」，茅盾長篇大論地寫了〈冰心論〉，儘管一再申明自己對冰心的期望，還是忍不住說出了自己的看法，在所有「五四」時期的作家中，只有冰心女士最最屬於她自己。她的作品中，不反映社會，卻反映了她自己。她把自己反映得再清楚也沒用。

對冰心的讚美大多都是讀者給予的，文壇前輩們幾乎都不太說得出讚美的話，儘管冰心寫作生命力最長壽，而且聲名日隆，這個最初的起點上，她自然不是那麼幸運。當時文人的這些評價現在看來也都經得起推敲，也算客觀中允，冰心的確不符合他們想像中向舊社會奮勇還擊的女鬥士形象，她只是一位持燈的使者，照亮那些可以到達的地方，在光線不能抵達的地方，她也不會勉力而為，牽強的人生是變形的、異化的，最重要的是倘若那樣，冰心就不是冰心了。對於這些期望和批評，冰心曾在〈春水〉裡略帶委屈地說：

他的周圍只有「光」和「愛」，
人們舉著「需要」的旗子，
逼他寫「血」與「淚」，
他只得欲笑的哭了。

茅盾在〈冰心論〉中還說：「一個人的思想被她的生活經驗所決定，外來的思想沒有『適宜的土壤』不會發芽。」我們瞭解冰心的作品，不能離開她的生活世界比如家庭出身、生活經歷、文化修養和教育。

冰心原名謝婉瑩，一九〇〇年十月五日生於福州城內的隆普營——祖父謝子修先生租借來的房子裡，自七個月大，就跟母親一起隨著父親職位的升遷、更迭不斷地搬家。祖父是謝家第一個讀書識字的人，他的父親本是長樂縣橫嶺鄉的一個貧農，因為天災，逃到了福州城裡學做裁縫。又因為不認識字，一次被人家賴了賬，竟然春節前還無米下鍋，謝子修的母親為此急得自縊，幸虧謝子修的父親發現得早，連忙把她解救下來，兩人抱頭痛哭之後立下決心，如果將來生個兒子，無論如何都要讓他讀書識字。於是，謝子修讀書識字，並且成了一位頗有名望的教書先生，在福州城內交友甚廣。謝家與黃花崗七十二烈士之一，〈與妻訣別書〉的作者林覺民，以及中國啟蒙運動先驅、著名思想家嚴復都有交往。廣州起義失敗後，林覺民殉難，林家為避禍舉家遷居並將房產出賣，謝子修購得這所宅院，冰心在這裡度過了很多快樂的童年時光。這裡也是林覺民的侄女，才女作家林徽因的祖居，更巧合的是，兩人日後結婚的對象建築學家梁思成、學者吳文藻在求學期間也曾同居一室，出國留學期間還曾共度一段美好的異域時光，不過即使有這樣的緣分，兩人日後卻因為行事、文藝風格不同分道揚鑣。兩人都是年少成名，萬眾矚目，年少氣盛的冰心曾經寫過一篇〈太太的客廳〉諷刺林徽因的沙龍，林徽因則送上山西老醋一罈作為回敬，自此兩人再無交集。冰心祖父有三個兒子，前兩個兒子承父業，做了教書先生，第三個兒子，也就是冰心的父親謝葆璋，卻棄文從武，經同鄉嚴復提攜考進天津的水師學堂，作為一名巡洋艦上的青年軍官，父親到過英國、日本等幾個國家。一九〇三年初，謝葆璋奉調去煙臺，出任設在東山的水師練營管帶（營長），負責訓練海軍士兵，並參與創辦和管理煙臺海軍學堂。就是在這裡，母親和會講故事的小舅舅開始教她認字讀書；父親教穿著男裝的她打槍、騎馬、參加各種活動，有時候夜裡還指點她看星星，帶給她終生難以忘懷的童年記憶。一九一一年辛亥革命爆發，父親攜帶一家回到福州，冰心一九一二年考入福州女子師範學校預科，成為謝家第一個正式進學堂讀書的女孩，這在謝家的歷史上很重要，在一個清靜的冬夜，這位老人撫摸著小孫女的頭髮說：「你是我們謝家第一個正式上學讀書的女孩子，你一定要好好地讀啊。」一九一三年謝葆璋去北京國民政府出任海軍部軍學司長，冰心隨父遷居北京，住在鐵獅子胡同中剪子巷，次年入教會學校貝滿女中，一九一八年升入協和女子大學理預科，並且開始文學創作。

冰心的生活是動盪的，不僅僅是時代的動盪，還有家庭的變動，跟隨父親北上南下，路途奔波，這豐富了她的生活閱歷，讓她在青少年時代瞭解了更廣闊的社會現實。然而冰心又的確是大家庭的小姐，作為舊社會的女孩子，她並沒有受到什麼不公與壓迫，祖父和父親都是知識分子，對她與男孩子一視同仁，一直處在強大翅膀的呵護下，對社會的黑暗和貧瘠感觸不多。由於冰心前邊先後兩個哥哥夭折，父親在三十五歲得此一女，對她格外寵愛有加，父親的愛國情懷和社會責任感不知不覺中在冰心身上延續，一個小女孩就知曉社會責任和大義，為了慰勞起義的軍隊，群眾紛紛捐款，十一歲的冰心，也獻出了自己積攢的十塊壓歲錢，送到上海《申報》，報社發給她一張收條，上面寫著「幼女謝婉瑩君」等字樣。冰心小心翼翼地把這張紙條珍藏起來，留作永久的紀念。另外兩位對冰心影響較大的親人是兩個舅舅，大舅舅楊子敬先生擔任冰心父親的文書，同盟會員，他的思想很開明，每天晚飯之後，都給冰心講故事。舅舅講的故事涉獵廣泛，有美國女作家斯陀夫人（Harriet Beecher Stowe）的小說《黑奴籲天錄》（*Uncle Tom's Cabin; or, Life Among the Lowly*），講述美國南部黑奴們的悲慘命運和他們勇敢抗爭的故事，還有古典名著《三國志》的故事，刀光劍影，深得冰心喜歡。小舅舅楊子玉，當時正在唐山路礦學堂求學，每到暑假，就來煙臺，他是甥侄輩們最歡迎的人，因為他有青年人特有的激情和正氣又最會講故事，林則徐燒鴉片煙，洪承疇賣國，都講得有聲有色，慷慨淋漓。他還帶著一些禁書，都是同盟會的宣傳革命道理的小冊子，如《天討》等刊物，小舅舅始終洋溢著一種正氣浩然的革命氣氛，吸引了冰心的注意。母親是一位堅韌慈祥的中國女性，父親就職海軍期間，母親一方面要忍受與丈夫別離的痛苦，一方面要用孱弱的身體堅強地支撐著這個家，她熱愛讀書、追求進步，母親的身世和品格都深深影響到了冰心個人的氣質，她對母親的讚美和愛幾乎成了她創作的永恆主題。冰心在一個充滿愛的家庭裡長大成人，對家庭也充滿了愛和感激，小時候聽到祖父讀書時的貧窮和經歷就潸然淚下，而對父母也是體諒和愛惜居多，很少有叛逆的情緒，對家庭充滿了愛和維護之情，這在五四一代作家中幾乎可以說是異端了，這是冰心獨特的成長經歷。

一九一九年五四運動爆發，在愛國學生運動的激蕩之下，冰心拿起手中的筆，在《晨報》上發表第一篇散文〈二十一日聽審的感想〉和第一篇小說〈兩個家庭〉。這兩部作品都直接涉及到當時重大的社會問題，很快發生影響。冰心說，是五四運動的一聲驚雷，將自己「震」上了寫作的道路。之後她陸續推出「問題小說」〈斯人獨憔悴〉、〈去國〉、〈秋風秋雨愁煞人〉等，這幾部都是典型的五四文學主題小說，反映封建家庭對人性的摧殘、面對新世界兩代人的激烈衝突以及軍閥混戰給人民帶來的苦痛。她的創作在「為人生」的旗幟下源源流出，發表了引起評論界重視的小說〈超人〉，引起社會文壇反響的小詩〈繁星〉、〈春水〉，並由此推動了新詩初期「小詩」寫作的潮流。冰心在〈寫作經驗〉這篇文章中談自己開步入文壇的寫作體會，她說：

> 最初所寫的都是社會問題的小說，如關於男女不平等，女子受壓迫一類的事情；在我覺得我並沒有受到壓迫，也沒有感到什麼不平等，後來便轉到童年記憶上面，最

初寫〈繁星〉的時候，只是隨手拈來，抒寫一點自己的靈感，也不知道寫成什麼文體。

冰心是家庭的寵兒，這份幸運還延續到後來的愛情婚姻生活。一九二三年八月，燕京大學本科畢業的冰心，得到了美國威爾斯利女子學院的獎學金，前往美國攻讀文學碩士學位。在輪船上，她遇到了清華的留學生吳文藻。吳文藻平時博覽群書，他瞭解到冰心要選修英國文學，就列舉幾本著名的英美評論家的書，問她看過沒有？冰心卻都沒有看過。吳文藻很直率地說：「你如果不趁在國外的時間，多看一些課外的書，那麼這次到美國就算是白來了！」這句話讓一向被眾星捧月的冰心很受震動，吳文藻這樣一個普普通通的留學生，首次見面就肯如此坦率地進言，使冰心對暗生好感。到達美國後吳文藻給冰心寄來了一張明信片，冰心認真地寫了一封回信。吳文藻是一個酷愛讀書和買書的人，每逢他買到一本有關文學的書就寄給冰心。冰心一收到書就趕緊看，看完就寫信報告她的體會和心得，像看老師指定的參考書一樣的認真，就在彼此的書信往來中兩個遊子的心走近了。

一九二八年冬，吳文藻取得哥倫比亞大學博士學位，回到了冰心任教的燕京大學，獲得雙方父母應允，舉行了簡單溫馨的婚禮，司徒雷登校長還給他們做了證婚人。他們一生的婚姻，算起來也經歷了一些坎坷和挫折，卻始終在一起共同面對。他們先是在北京度過了幾年平靜幸福的時光，之後抗戰爆發，為了躲避戰亂，他們舉家遷移，先後居住在雲南和四川，帶著三個孩子，過著十分清貧艱苦的日子。抗戰結束後，冰心又跟隨吳文藻去日本，解放後隨著新中國的一聲號角，他們輾轉回到祖國身邊。文革時期，他們同樣不能倖免文化劫難，和其他知識分子一樣，在「反右」和文化大革命中艱難度日。他們的家庭和時代的大事一起經歷輾轉起伏，這樣的起伏一般的家庭都難以倖免，嚴格說起來並不是什麼特殊的災難，這些外部的困難和流浪並不能直接影響到內部穩固的堡壘，他們攜手一起走過戰亂、劫難，直到八十年代，吳文藻去世，他們相濡以沫的傳奇才告一段落。吳文藻先生去世後，冰心應雜誌之請寫了一篇〈論婚姻和家庭〉，她對家庭和婚姻有一段這樣的話：

有著忠貞而精誠的愛情在維護著，永遠也不會有什麼人為的「劃清界線」，什麼離異出走，不會有家破人亡，也不會教育出那種因偏激、怪僻、不平、憤怒而破壞社會秩序的兒女。

冰心對婚姻和家庭的觀念其來有自，尤其是在自己的婚姻上她嚴格遵守自己的信條，冰心在結婚之前，其未婚夫吳文藻曾經致冰心父母一封〈求婚書〉，言辭懇切請求允諾婚姻，詳細闡述兩人對愛情和婚姻的態度，據冰心的女兒透露這封信實際上是冰心和吳文藻共同寫出來的。這封信就是兩人的愛情婚姻「宣言」：

她雖深信戀愛是個人的自由，卻不肯貿然獨斷獨行，而輕忽父母的意志……令愛主張自己選擇，而以最後請求父母俯允為正式解決，我以為這是最健全而圓滿的改良方針，亦即是謀新舊調和最妥善的辦法。這就是我向二位長者寫這封求婚信書的理由。

新文學初期婚戀題材風靡一時，冰心幾乎未予涉足，而是謹慎地迴避了。相比當時的女作家廬隱、蕭紅等，冰心自身婚戀的順利，胸中無此塊壘，自然就缺少寫它的激情，這是冰心自己的說法，雖然從創作的角度上來看未必完全站得住腳，小說不必等同於生活，可是冰心的拒絕也許就是她最誠實的態度，她的文學也許從來就不是虛構的文學，一直都在本色出演。最近有一篇疑似冰心創作的短篇小說〈惆悵〉被發掘出來，專家一致認為是冰心的作品，小說寫了一個三角戀愛故事，可表現的恰是迥異於「五四」主潮的另一種家庭婚戀態度。那時婚戀小說彌漫著愛情至上主義，父母干預勢成眾矢之的。對此冰心借小說人物之口表示了異議：

像那些兩方面盲目的淺薄的戀愛，不顧家庭方面，只憑自己一時的情感，我是絕對不贊成的。

婚姻除了「自由選擇」還應該得到「父母俯允」。〈惆悵〉在「五四」新文化思潮的激進主義、自由主義和保守主義之外，提供了「漸進主義」的愛情婚姻和家庭倫理變革模式，這正暗合了冰心和吳文藻寫給父母的〈求婚書〉。

冰心的確是一個純真的人，不僅在文學中，而且踐行到現實中去，她本人婚姻美滿，對忠誠和專一就看得比較重，尤其是對朋友往往也忍不住流露出來，這幾乎是五四一代作家的大忌，在那個崇尚個性和自由的年代對他人進行私德審判是危險的，但她並不掩飾自己的態度，比如對好友巴金和蕭乾。蕭婚姻多有曲折，而巴金待蕭珊執著不二，她曾公開說出這樣的話：

文藻和我最欣賞巴金之處，是他的用情十分嚴肅而專一。蕭乾卻是一輩子結、結、離、離、離，折騰了多少次。

在社會急遽甩開舊傳統的時候，這個乖順的文學女兒格外得到了父母的心，安慰著惶恐中的社會父母，也滋潤了急吼吼向前卻無處可去的人心，她又絕不是道德家，她用自己的生活和文字去踐行自己的信念，正如她一篇文章的題目，她也是一盞小桔燈，溫暖而微弱，但堅定。

香消玉散記

艾霞

現代上海是冒險家的樂園，這多半是從男人的角度來說的，然而上海這個城市在性別色彩上有太多女性的成分，它不僅吸引了全球的冒險家和資本家，也吸引了一眾愛冒險尋求刺激的女孩子，她們以各種各樣的方式耳聞上海的繁華與夢幻，從四面八方奔襲而來，踏上這片與整個中國形象殊異的土地，來展開自己的青春夢想。而上海能交換給她們什麼？是華麗的夢？長出的翅膀？是邁進光束獲得普照？是施展的快樂？還是剝奪與死亡？一切都是深淵裡探出的罌粟花，從來沒有什麼先知預告一切。

艾霞是來到這個花花世界的其中一個女孩子，她是一個忠實的影迷，來到上海的時候只有十六歲，僅僅過了六年，她就香消玉殞。魯迅有一篇文章題目為〈人言可畏〉。

他說，「人言可畏」是電影明星阮玲玉自殺之後，發見於她的遺書中的話。這轟動一時的事件，經過了一通空論，已經漸漸冷落了，只要《玲玉香消記》一停演，就如去年的艾霞自殺事件一樣，完全煙消火滅。她們的死，不過像在無邊的人海裡添了幾粒鹽，雖然使扯淡的嘴巴們覺得有些味道，但不久也還是淡，淡，淡。時間總是無情的，也許還有很多人記得阮玲玉，因為她華麗的演藝生涯，因為現代中國女性地位的上升，或者因為女性故事的可消費性，總之，她儘管並沒有完全煙消火滅，但是留下的不過都是一些碎片一樣的故事。與她具有類似經歷的艾霞可能公眾相對陌生，兩個人卻在冥冥中有著諸多聯繫。年輕的艾霞在愛情的失落中陷入頹喪，周圍黑暗的現實則令她憂傷，她失去了繼續活下去與黑暗抗爭的勇氣，一九三四年二月十二日，這位年僅二十二歲的女演員服毒自殺結束了生如夏花一般的生命。她留下了自己對這個世界的失望，她說：「眼淚同微笑，接吻同擁抱，這些都是戀愛的代價。要得這夠味的代價，這夠味的刺激，就得賠上多少的精神，結果是什麼？無聊。」然而她的死卻快活了眾多扯淡的嘴巴，一些黃色小報的記者們竟然拿艾霞之死大作文章，將惡毒的污水潑向她，對這位追求進步、嚮往自由的女影星大加污蔑。著名導演蔡楚生十分不忿，萌生了要為此拍一部電影的念頭，通過對艾霞之死的描寫來揭露黑暗的現實社會對知識女性的殘害，但他當時正在拍攝《漁光曲》，遂邀請孫師毅擔任編劇，孫師毅慨然允諾，寫出了題名為《新女性》的劇本。劇本拿給電影明星阮玲玉看，讀完《新女性》的劇本，她感受如此巨大的震動，她覺得她的心與女主角是完全相通的，她相信自己完全能演好這一角色。她情緒激動地找到蔡楚生，說道：

蔡先生，《新女性》的女主角韋明我演定了。我知道，我並不熟悉女作家的生活，但她心中的苦楚和絕望我是完全能體會得到的，請相信我一定能把這個角色演好。

阮玲玉所說的苦與絕望是自己的心聲，也是艾霞一生的寫照。

一九一二年出生的艾霞，正趕上一個逐漸開放的時代，中華民國成立了，雖然這個國家的命運依然是風雨飄搖，但總是一個新的世界，一切都開始變得有些新氣象。

艾霞原名嚴以南，又名詩佛，生於福建一個殷實的商人家庭，幼年時代跟隨經商的父親移居北平，良好的家庭背景為聰敏的艾霞提供了讀書識字的機會，諸子百家、唐詩宋詞都如數家珍，隨後就讀於法國人開辦的北平聖心學堂。當時京城眾多上層名流的小姐有許多在聖心學堂讀書，良好的教育是培養名媛淑女的首要條件，艾霞的父母一定是抱著這樣的期望在培養女兒。女兒艾霞雖然沒有成為擅長交際的淑媛名流，日後在文壇大放光彩的文學修養和美學趣味應該和這所學校的培育是分不開的。

時代整體氛圍下的自由民主思想已經成為眾多知識女性的常識，尤其像艾霞這樣的追求進步，探求新知的少女，整個求學階段都正值新文化運動的高潮時期，這些新思想無形中影響了她的心靈，幾乎成為她們與生俱來的東西。在時代的巨變中，艾霞很快長大了，亭亭玉立的少女，滿腹才情，對世界懷著美好的希望和好奇，而且十六歲的艾霞遇到了自己的愛情，愛情在那個時候是多麼美好的字眼，她愛上了正在讀大學的表兄，正準備以最好的年華去燃燒自己，可怕的擋路虎就出來了，自由戀愛遭到了封建意識濃厚的父親的堅決反對。一個父親的反對子女的婚姻，可以有種種理由如親疏關係、家族未來發展、家庭背景、個人喜好、屬相犯沖等等，但這些也許都不重要，最重要的是子女的自由自主挑戰了他的權威，你怎麼可以自己去決定？五四時代的家庭問題小說都是從這個母題來的。倔強的艾霞一定想過和戀人一起反抗，走出家庭，但是她遇到了一個懦弱的男人，她的戀人屈服於壓力退縮了。戰場上留下艾霞孤獨的身影，這是一場特別具有荒誕色彩的反抗，也使得艾霞看清了封建殘餘的力量之強大，她決定離開熟悉的傷心之地，到陌生的空間去塑造全新的自己。

儘管最親密的戰友已經背叛，她依然繼續完成那個反抗的姿勢，與家庭決裂，隻身南下，闖進了十里洋場的上海，也就是此時她改名換姓，成為一個為自己而存在的新人——艾霞。艾霞面貌姣好，受過良好的教育，愛好文學和戲劇，經過一段難以為繼的艱難的謀生生活後，加入了當時的進步文藝團體南國社，受到著名戲劇家田漢的賞識。田漢的南國社以「培植能與時代共痛癢而又有定見實學的藝術學院人才」為宗旨，這裡的進步思想和濃厚的藝術氛圍激發了艾霞的求知欲。她刻苦學習表演，對每一個動作、每一個表情都力求完美。在這種自我的嚴格要求下，她不久就能夠登臺表演，而且每次都會贏得觀眾席的全堂喝彩，成為南國社的重要成員。在此期間，她主要的工作是話劇演出，在演出之餘，熱愛讀書的她在田漢等人的影響下接觸到了革命思想，並且開始學習詩歌創作和繪畫，多才多藝的艾霞贏得了很多前輩的賞識，這也成了她如饑似渴學習的動力，這一段時間應該是艾霞短暫的生命歷程裡，最單純最充實的階段，這時候的學習也為她日後贏得「影壇才女」的稱號打下了堅實的基礎。

因為南國社的演出多宣傳愛國思想，不久被當局被查封，艾霞追隨田漢加入了戲劇界進步團體「左翼戲劇家聯盟」（劇聯），從事左翼戲劇運動。左翼電影運動在上海興起，許多左翼文藝工作者大舉進入影壇之時，艾霞也轉入電影界發展，先後入耐梅影片公司、天一影片公司和明星影片公司任演員，艾霞懷著極大的熱情積極投身於進步電影活動。她在南國社時期的知識和表演積累，使得她在電影界逐漸顯露出傑出的表演才華。從一九三二年開始的短短兩年時間裡，她參加了《新仇舊恨》、《脂粉市場》、《春蠶》、《豐年》等影片的拍攝。她扮演的角色儘管類型不盡相同，但都帶有較鮮明的個性風采，因主演《舊恨新仇》而開始在電影界嶄露頭角，而後在《春蠶》中飾演荷花而給觀眾留下深刻的印象。艾霞在當演員之餘繼續文學創作，經常在報刊上發表小說、詩歌、隨感等各類作品。這使她與好友王瑩一起共同享有「作家明星」之譽。在三〇年代初的影壇上，有較高文化水平的女演員原本不多見，像艾霞這樣不僅能夠執筆寫作，加之文筆犀利、能編能演，在當時可謂是一時無兩。

一九三三年對艾霞來說正是意氣風發的時候，這一年《明星月報》創刊，艾霞在第一期上發表了一篇很動感情的短文，題目就叫做〈一九三三年我的希望〉。她在文中說道：

一九三三年也可以說是我開始新生命的時期，時代的火輪不停地轉著，一切全不息地猛進，一九三二年同一九三三年的電影，是劃分時代的電影，她不是一部分有閒階級的消遣品，這是任何人也不能否認的。我們既然明瞭這一點，我們應當怎樣使她變得有價值有意義，這是從事於電影的人應負的責任，也是整個電影進展的關鍵。

這篇短文說話方式和口氣大義凜然，完全具備了左翼作家的歷史意識和使命感，她對未來的希望和主人公的感覺躍然紙上，她的剛毅性格和對社會認識的敏銳略見一斑。這是一個從小嚮往自由民主的女孩，在反抗中一步一步走來，在社會熔爐中獲得的真知灼見，所以她的堅定和時代意識與一般的明星演員大相徑庭。在其後的《明星月報》上，艾霞不定期寫回覆讀者的信，在信中我們可以看到艾霞忙碌的拍攝生活，也可以聽到她昂揚的心聲：

我自當努力，以充實我對社會的各方面的認識。是的，電影是負有社會的使命的，我希望我能同一般的電影從業者共同負起我們的責任。

……

總有一天，會照我們的意識製造出新興的革命性的大眾化的影片。

艾霞的成名作是劇本《現代一女性》，連載於一九三三年的《電影時報》上，講述了一個知識女青年複雜的婚戀故事，現代文學歷史上的女作家創作，多少都帶有點自傳色彩，這個故事和艾霞自己的經歷也有某些相同之處。後來改編成電影，艾霞親自上陣飾演了女主角蔣葡萄，這個「希望用愛情的刺激來填補空虛的心」的女子，在曲折的一生裡，最終從戀愛的迷夢中覺醒過來，走上「光明」之路，是當時左翼電影的典型故事。蔣葡萄在一次酒會上巧遇已婚的男主人公新聞記者俞冷，葡萄依然不顧一切地愛上了她，同時拒絕了自己公司的老闆史芳華的求愛。沉浸在熱戀中的葡萄與俞冷忘情地遊玩享樂，由於新聞記者的收入菲薄，而葡萄由於拒絕了老闆的求歡，被公司炒了魷魚，兩人的經濟都陷入了困窘的境地。俞冷的妻子帶著生病的小兒子來滬就醫，經濟的窘迫使俞冷和葡萄都陷入了深深的煩惱之中。為瞭解決愛情和麵包的問題，葡萄主動投入了原先曾追求他的老闆史芳華的懷抱，葡萄用身體換取金錢幫助情人俞冷給孩子看病等，同時偷走老闆的支票準備和男友遠走高飛。俞冷的妻子在發現丈夫的婚外情後，決定與俞冷離婚，自食其力，而葡萄也因為偷竊支票被老闆告上法庭，身陷囹圄。既不想失去妻子也不想失去情人的俞冷，一下子跌入了人生空虛的深淵。葡萄在獄中遇到了以前的朋友安琳，她由於追求進步和革命也被逮捕入獄，安琳耐心地開導葡萄不要執迷於戀愛至上的人生觀，但葡萄一直拒絕這樣的開導，她依然癡情地等待情人俞冷能夠到獄中看望她，但俞冷卻因為她的「行為」而不齒，空虛的俞冷從此一蹶不振，過著紙醉金迷的墮落生活，最後因打架而鋃鐺入獄。而葡萄在對愛情的極度失望中，漸漸地與一直安慰並開導她的安琳開始走近了。

然而，這樣的一位影壇奇女子，卻不幸再一次陷入了愛情的迷惘之中，現實生活中的艾霞也正處於愛情的矛盾和苦悶之中，少時離家獨闖上海的少女，到底需要一份溫情，也特別渴望擁有人間真情來慰藉心靈。於是，在繁忙的演戲寫作中，她陷入了一場畸形的愛情，她的伯樂導演李萍倩約她在其拍攝的影片《舊恨新仇》裡任女主角，兩個人很快擦出愛的火花來，不久就開始同居。可是，風流才子李萍倩，不僅是有婦之夫，而且是慣常的逢場作戲之人，李萍倩曾答應艾霞與原配離婚，然而，他不僅沒有兑現承諾，反而迅速投入另一個女人的懷抱。對愛情單純期待的艾霞得知真相後，心灰意冷，她痛心疾首地對好友王瑩哭訴：「我最愛的人，便是最欺騙我的人啊！」這件事使艾霞身心交瘁，更可怕的是，作為當紅的影星，艾霞的隱私成了狗仔隊追蹤的獵物，一些小報記者把緋聞添油加醋地加以曝光，使她陷入絕望的心雪上加霜，流言成為「壓垮駱駝的最後一根草」。

關於這段戀情，好友王瑩已經多次勸解，可是感情脆弱的艾霞無法聽到心中去，再加上她在明星公司拍的電影《舊恨新仇》票房慘敗，公司決定棄用她，而李萍倩又移情他人，對她置之不理，她情緒時好時壞。一九三四年二月十二日晚七八點鐘，艾霞的好友王瑩正在拍片，精神失落的艾霞趕過來找她，說是想約她找個地方說話。王瑩當晚有事，她便對艾霞說：「等我拍完了這段戲回頭再找你吧！」就在這天夜裡，二十二歲的艾霞吞服煙土自殺身亡，成為中國電影史上首個自尋短見的女演員。艾霞之死，一夜間成為轟動上海的爆炸新聞。著名導演鄭正秋在悼詞中寫到：

> 艾霞的死，有人以為她是自殺的，實則她是被殺的，至於殺死她的兇手，不是一個人，兩個人，而是整個社會，整個制度。可不是？父母之命的包辦婚姻奪走了她的

幸福；失業和貧困使她的美好生活得而復失；被拋棄的女性再談愛有罪，男子喜新厭舊，三妻四妾，有功的衛道者在她的脖子上套上了枷鎖……正是這個半封建半殖民地的社會伸出魔爪，把她善良的心靈撕成粉碎！在她經歷坎坷的歲月裡，她曾一邊流淚一邊工作，通過作品訴說心中的積鬱，提醒人們警惕卑劣者的襲擊。她常常以良好的心願期待著明天，希望能以自己真誠的火一樣的感情去換取真摯的愛情，可是給予她的卻是一次次的重創和失望。她太年輕、稚嫩，那水晶一樣透明的心，卻成了被人一望而知、乘虛而入的弱點。她多次受傷倒地，又多次掙扎起來鬥爭，但，僅僅靠個人的勇氣是抵禦不了舊社會的壓力的，她終於倒下去了。

人們總是很容易被悲劇打動，然後恢復健忘的本性，僅僅過了一年多，同樣的悲劇又一次上演。一九三五年三月八日，紅極一時的著名電影演員阮玲玉，在愛情的傷害、惡毒的謠言和卑鄙的誹謗中服毒自殺了，當她正在藝術上處於高峰的時候，她只有二十五歲，就被黑暗給吞噬了，在水銀燈照不到的地方，電影界充滿著黑暗。教訓這樣的辭彙也許是最靠不住的，如果以宿命來解釋一切，又太悲觀。艾霞或者阮玲玉，她們留下了文字和影像，儘管是黑白的，儘管模模糊糊，但它告訴我們她們美好的生命，曾經來過。

少女心經
張愛玲

少女時代的張愛玲就讀於著名的聖瑪利亞女校，這是一所貴族女子學校，上海許多中產階級以上的家庭以能將自己的女兒送進該校為榮。雖然已經是風氣開放的時代，當時富裕家庭的少女，仍然以練就淑女風範，踏進上層社交圈，嫁入豪門為目標，少女們年幼懵懂，多半是家人們的良好願望於憧憬目標。聖瑪利亞女校以「非梧桐不棲，非醴不飲」的鳳作為學校標誌，也是學校教書育人的目標，校刊也因此得名《鳳藻》。

據陳子善先生考證，刊於一九三二年上海聖瑪利女校年刊《鳳藻》上的〈不幸的她〉，是張愛玲的處女作，在那期雜誌上編者特地說明作者還是初中一年級的學生。張愛玲與《鳳藻》的關係頗為密切，曾相繼在《鳳藻》上發表散文〈遲暮〉、〈秋雨〉、〈論卡通畫之前途〉、〈牧羊者素描〉、〈心願〉等，還在聖校學生社團國光社辦的刊物《國光》上發表了農村題材的小說〈牛〉和歷史小說〈霸王別姬〉及四篇評論和兩首打油詩。但她在《鳳藻》上發表的小說，〈不幸的她〉是發表時間最早的一篇小說，小說的開頭是這樣寫的：

秋天的晴空，展開一片清豔的藍色，清淨了雲翳，在長天的盡處，綿延著無邊的碧水。那起伏的海潮，好像美人的柔胸在藍網中呼吸一般，摩蕩出洪大而溫柔的波聲。幾隻潔白的海鷗，活潑地在水面上飛翔。在這壯麗的風景中，有一隻小船慢慢的掉槳而來：船中坐著兩個活潑的女孩子，她們才十歲光景，袒著胸，穿著緊緊的小游泳衣服，赤著四條粉腿，又常放在船沿上，讓浪花來吻她們的腳。像這樣大膽的舉動，她倆一點也不怕，只緊緊的抱著，偎著，談笑著，遊戲著，她倆的眼珠中流露出生命的天真的誠摯的愛的光來。

這一段很容易讓人想起廬隱的〈海濱故人〉來，可見女孩子們的世界畢竟是人同此心，情同此理，同性之間的溫暖和友誼多多少少都是一份特別的依戀，多年以後，張愛玲與炎櫻，一個豁達有趣的女子，山高水長歲月迢迢地伴隨了一生。這應該是人生熱的一面，張愛玲即使在父母離異，傷痕累累的童年時代，也沒有磨滅天真曼妙的性情。而當小說中那個她經歷了種種磨難，孑身一人故地重遊，感歎「人生聚散，本是常事，我們總有藏著淚珠撒手的一天」時，已經埋下了張愛玲冷眼看世情的種子。這就是天才少女的文學起源點。

天真誠摯的光有時候也隱藏著另外的風險，這個〈不幸的她〉的開頭，與後來頗受爭議的小說〈心經〉開頭有異曲同工之妙，小說裡許小寒高高坐在白宮公寓屋頂花園的水泥欄杆上，五個女孩子都是她的朋友簇擁在她下面，一個小些的伏在她腿上，其餘的都倚著欄杆。仲夏的晚上，瑩澈的天，沒有星，也沒有月亮。許小寒人並不高，可是腿相當的長，從欄杆上垂下來，分外的顯得長一點。她把兩隻手撐在背後，人向後仰著。她的臉，是神話裡的小孩的臉，圓鼓鼓的腮幫子，尖尖下巴。極長極長的黑眼睛，眼角向上剔著。短而直的鼻子。薄薄的紅嘴唇，微微下垂，有一種奇異的令人不安的美。她坐在欄杆上，彷彿只有她一個人在那兒。背後是空曠的藍綠色的天，藍得一點渣子也沒有——有是有的，沉澱在底下，黑漆漆，亮閃閃，煙烘烘，鬧嚷嚷的一片——那就是上海。如果風景的美好是女孩子們心態的自然流露的話，此時她們的美好帶著一些弦外之音，黑漆漆，亮閃閃，煙烘烘，鬧嚷嚷的上海，說不出口的父女不倫愛情，和單純優美的女兒世界不可能出現的故事正在從容地萌芽，一個和許小寒長得幾分相似的女孩子綾卿，已經影影綽綽地進入了自己的生活，小寒的爸爸許峰儀記住了她的電話號碼。

許小寒是個剛過二十歲生日的靈動絢麗的女孩，在她父親許峰儀的眼裡，一個可愛的大孩子，有著豐澤的，象牙黃的肉體的大孩子，可她卻有著非常成熟的心智和複雜的心機。從小，她刻意地將她父母之間的愛慢吞吞地殺死了，一塊一塊割碎了；長大後，她肆意地和父親調情，或借用龔海立一位同齡的愛慕者，來刺激和挑逗父親，而父親與她的好朋友綾卿同居深深地刺痛了她，她試圖借用母親的力量來成全她自己——這個看起來帶著點陰險、詭異性格的女孩子，以決絕的心理去破壞任何阻擋自己的關係和愛，在不倫的愛情中激起了自己的全部能量。變態的愛戀和大時代的風雲，沒有任何關係，就像圈在院闈內的家事，張愛玲不管不顧的抖摟出來，帶著和許小寒一樣的決絕和飛蛾撲火的架勢，這也是張愛玲性格中的固有的一面。小說〈心經〉發表的時候，張愛玲二十三歲，正是人生中最不可一世的年齡，二十四歲那年她曾經呼喊著：「出名要趁早啊，來得太晚的話，快樂也不那麼痛快。」似乎都有讓謙遜和遮掩的文明觀念蒙羞的故意，就像她姑姑說的那樣，她不知道從哪裡來的一身俗骨，這身俗骨使得她她向來不太理會這個世界通行的想法和面子問題，揭開它的傷疤顧不得它的疼痛，我行我素到極致，卻引來後世無數人的膜拜，這個不知道她作何感想。

關於這個亂倫的故事，張愛玲曾說：「女孩子有的時候會情不自禁地去誘惑自己的父親。」也許張愛玲的心理多少存在著一些戀父情結，不過是以另外的方式表現出來的，張愛玲出身大家，張愛玲的家世顯赫，祖父張佩綸是清末名臣，祖母李菊耦是朝廷重臣李鴻章的長女。但父親張志沂卻總是遊手好閒的墮落富家公子作派，黃逸梵是一位新潮的女性，與丈夫離婚出洋留學的大膽之舉在當時也屬鳳毛麟角。家庭的分裂對張愛玲的性格有很大影響，父親因為母親的背叛遷怒於孩子，後母進家後帶來的複雜人機使得她過早見識了成人世界的不美好的一面。而母愛的缺席使得她很難和別人有親昵的交流，日後張愛玲的遺世獨立，熱中的極冷都可能源自此處。但父親對這個早慧的女兒還算不錯的，他是她最初的知音，父親對於張愛玲的作文很得意，曾經鼓勵她學做詩。認真閱讀她的所有文字，她寫過一篇很無厘頭的〈摩登紅樓夢〉，講寶玉出國，賈璉當了鐵路局長，芳官變身娛樂明星，張愛玲也說自己從小被視為天才，這些觀眾裡父親應該是比較重要的一位，張志沂非但耐心看完這部無厘頭之作，並且代擬回目，頗為像樣。

父母之間的離異與戰爭，使得張愛玲的天空區分為明顯的新舊世界，在她心裡屬於父親這一邊的必定是不好的，但有時又也喜歡。張愛玲說：

> 我喜歡opium的雲霧，霧一樣的陽光，屋裡亂攤著小報（直到現在，大疊的小報仍然給我一種回家的感覺），看著小報，和我父親談談親戚間的笑話——我知道他是

寂寞的，在寂寞的時候他喜歡我。父親的房間裡永遠是下午，在那裡坐久了便覺得沉下去，沉下去。

她對父親應該是依戀的，在姑姑那裡聽說父親要結婚的消息後，在夏夜的小陽臺上痛哭，固然是因為怕著關於後母的種種傳說，父親的被他人佔有也是一個重要的因素，以致於她只有一個迫切的感覺：「無論如何不能讓這件事發生。如果那女人就在眼前，伏在鐵欄杆上，我必定把她從陽臺上推下去，一了百了。」此情此景，與〈心經〉的許小寒何其相似，小說絕對不能看成作者的自傳，但總有一些蛛絲馬跡來自生活。張愛玲中學畢業那年，「母親回國來，她自己並沒覺得我的態度有顯著的改變，父親卻覺得了。對於他，這是不能忍受的，多少年來跟著他，被養活，被教育，心卻在母親那一邊。」佔有子女的愛通常是中國父母離婚後的心態，佔有的方式和愛情是一樣的，要求你忠貞和唯一。不過這一次父親毒打了張愛玲，並且還關了禁閉，張愛玲離家出走，父女兩人從此不再聯繫。

張愛玲的小說不寫革命與大的時代主題，一路都是世情小說，男歡女愛的世界，她一直都明白，生長在都市文化中的人，總是先看見海的圖畫，後看見海。先讀到愛情小說，後知道愛。對於生活的體驗往往是第二輪的，借助於人為的戲劇，因此在生活與生活的戲劇化之間很難劃界。過後許多年，張愛玲在數篇文章裡卻一再地用溫情的筆調提起父親，或許她是想用文字來重新經歷一次、甚至不斷地去經歷與父親的生活，〈心經〉的寫成應該是一次治癒的過程，在亂倫的外表下，它重新回到了糾纏的當口，把被時光淹沒的愛用誇張的方式表現出來，把閃爍的微火點燃，淋漓盡致地宣洩了與缺席的父親之間的愛。

然後二十三歲的張愛玲，遇到了三十八歲的胡蘭成，高傲的張愛玲親自上門拜訪，胡蘭成的才華與智慧非常符合只能和中年男子、只能和成熟男子交往的這樣戀父情結的特徵。有關這段愛情的傳奇，都是輕描淡寫，張愛玲的兩句話已經足夠，再也容不下更多的猜測與虛構：

> 因為懂得，所以慈悲。
>
> 遇見你我便得很低很低，一直低到塵埃裡去，但我的心是歡喜的。並且在那裡開出一朵花來。

張愛玲的聰明與個性之處在於，她為自己營造了一種任性的生存方式，就是她自己說的，「我是一座島」，成名後如果不想接受外人來訪，就可以塞一張「張愛玲不在」的條子，並且可以自得其樂，整個外面的世界也奈何不了她，這保全了一代才女的尊嚴，也膨脹了征伐的信心。在愛情上，她的任性讓她對胡蘭成已有家庭置之不理，憑自己的所需贏得了胡蘭成，但歲月靜好，現世安穩的願望並沒有達成，胡蘭成竟不是她那個世界的人，他不能成她穩固生活世界的一個支柱，只是一朵燦爛的夏花，他不是姑姑，也不是炎櫻。婚後胡蘭成不斷移情別戀，張愛玲不斷地原諒與挽回，然後突然就決定放下這一切，就像當年他逃離父親的家一樣，再無往來。一九四七年六月十日，張愛玲終於下決心與胡蘭成分手，她在信裡寫道：

我已經不喜歡你了。你是早已經不喜歡我的了。這次的決心，是我經過一年半的長時間考慮的。你不要再來尋我，即或寫信來，我亦是不看了。

後來胡蘭成多次寫信給張愛玲，重新變成一座島的張愛玲再也沒有回信，她還是她，胡蘭成只是一個遞條子的人，她連回覆「張愛玲不在」的興致也無了。

在無涯的時間裡，她離開大陸、輾轉香港，去了美國。她到美國以後，在美國文藝營裡面認識了賴雅，那一年張愛玲三十六歲，但是賴雅已經是六十多歲了。張愛玲與賴雅的婚姻持續了十一年。張愛玲從賴雅那裡得到過愛，那個驕傲自得地說過，到底在中國的土地上的作家，踏上異國他鄉的陌生國土上，短暫的清靜而平和的家庭生活一定給了她安全感。然而年老多病的賴雅也帶給了她心理上和精神上的重負。經濟的窘迫，生活的壓力，更使她增添了憂愁。這些都影響了她的才能的發揮，最後還是孤獨地面對這個世界。這一場與父親輩的愛情冷暖自知，而愛情是不用去探究值不值得的。

張愛玲的際遇與愛情因為後人的反覆咀嚼，增添了很多浪漫與傳奇的色彩，也許在她並不是本意，她的文字總是擺著一副冷冷的架式，往虛無裡走，也往實在裡走。所謂的虛無就是絕不留下後路，尤其是在精神方面，她在這方面是天賦的解構主義者，把文學從神聖的祭壇上硬生生地拉了下來，這是她的功績還是軟弱，誰能說得清楚呢？而實在的一路，就是柴米油鹽的世俗的熱鬧。再次回到〈心經〉那篇小說，在對父親愛中戰鬥許小寒，對那個無緣無故於千萬個人中卻遇到這種愛的綾卿，該有多少羨慕啊，為什麼不是我？無論故事如何擴張與縮略，宿命還是天意弄人，張愛玲最終是遍尋不著。愛情這個事，有多少幸福，就有多少悲傷，眾生平等。

一個少女的日記

文樹新

民國時期戀愛中的男女，喜歡交換日記，就像七十年代的地下詩人見面互相交換詩作，像騎士交換匕首，這是屬於那個年代的愛情儀式。

一九二二年，黃俊出版的長篇小說《戀愛的悲慘》，就是把自己與徐特立女兒徐潛之間的愛情日記，稍加彙編後送到了上海新文化書社，新文化書社以「戀愛寫實小說」之名予以出版的。日記體文學在五四時期特別流行，一是因為中國的長篇小說都是章回體的，沒有幾個作者知道歐式長篇小說應該怎樣寫，大概覺得在一段時間裡記下的數萬字的日記，有大體的故事情節，又是新式愛情與反抗家庭的主題，如果出版應是長篇小說了。

黃俊在〈序〉中說：「這書是從我的日記上取出事實，再由我描寫出來。」日記如實記敘了黃俊在岳雲中學，偶遇活潑有思想的女生徐潛並對她產生了好感，之後黃俊去外地求學讀書，鴻雁傳情就成為他倆傾訴衷腸的唯一選擇。由於兩地相隔，加之他人挑撥，兩人之間難免誤會連連，嚴重時甚至想自殺殉情，徐潛就因之自殺幸被搶救過來。因黃俊早已訂婚，故女方家堅決反對退婚，並威脅如若退婚就抄家滅口。黃俊的父親特意提出兼房的主張，徐潛因不願失去黃俊，也認可了這一方案。這個戀愛算是有了一個雙方都可以接受的結局。這本八萬字左右的日記以近乎流水帳的方式記敘了黃俊與徐靜涵（徐潛）的戀愛經過與結局，文中所記的時間、地點、人名、事件等均非虛構而是實有其事，亦有案可查，以之證史亦不為過。只不過這場轟轟烈烈的愛情後來並沒有善終，徐潛作為紅色積極分子被捕失蹤後，黃俊單身離開，一場以文學的名義開始的婚姻以非常平淡的方式走向結束。文學和轟轟烈烈的愛情像是天然的同盟軍，而到了婚姻裡，文學往往戛然而止，不知道是宿命還是其他什麼原因，讓一些帶著文學有色眼鏡的人措手不及。

當時的明月還在，而年少的刻骨銘心卻已是不堪回首，那些隔代的愛恨情仇早已化作一段湮滅在歷史長空裡的前塵舊事。只不過有些故事和故人頑強地存留下來，終究還是留下了痕跡，隔了幾十年的歲月煙塵，千里迢迢地進入到我們的世界。民國名媛文樹新的《一個民國少女的日記》就是這樣穿越時空，重新把一些故事和人物帶到我們眼前，是一本讓人無限回望的書，儘管出版人做了很多隱諱的橋段，在那段短暫的歷史與舞臺上為數不多的人們中間，還是很難擋住當事人的真容。

《一個民國少女的日記》是一本手稿式的作品，既是日記也是情書，發現於一所老房子的閣樓上，作者文樹新，生於一九一五年耶誕節。說起文家也是當時的名門，原籍貴州，祖父做過將近二十年的縣官，父親文宗淑自一九一六年起，就在中國駐日使館任外交官，他工作兢兢業業連任十八年，大概由於年少得志不免清高自大，性格暴躁，還十分重男輕女。文家家境富裕，在北京置有四十間大瓦房，分五個院子，有老家人、奶媽和丫鬟，文宗淑有子女共七人，五女兩子，五個姐妹當中，文樹新排行老二，文家姐妹頗有文學淵源，大姐文桂新（文馥若）很有才華，一九三六到一九三八年間，發奮讀書的她曾以「修微」為筆名寫了三篇小說和一篇散文，從東京寄給《國聞週報》發表，五妹則是我國著名翻譯家、作家文潔若，她的丈夫是現代著名作家、記者、文學翻譯家蕭乾。

一九三〇年，文樹新就讀於孔德學校，曾在孔德學校校刊《孔德月刊》，發表文章，被稱為孔德學校的「才女」，與周作人的女兒、劉半農的女兒都是同學。文樹新因為熱愛文學結識了孔德學校的教務處主任，同時又是作家、劇作家的楊晦，在共同的文學探討中書信往來成為戀人，後來兩人的通信被家人發現了，楊晦此時已經是有妻有女，文家家教甚嚴，一頓爭執之後，兩人允諾家人一定斷絕關係，不再來往。豈不知這只是權宜之計，兩人的交往並沒有真正中斷。文樹新在家庭的安排下轉學至教會辦的女校聖心學校，就是文樹新信中多次談及的「姑奶奶」（修女）管理的學校，文樹新與楊晦之間繼續書信往來，送信的任務由當時尚就讀於孔德學校的、文樹新的三妹昭（文棣新）來完成。一九三四年，兩人之間的通信再次被發現，事態升級，兩人避走上海。在當年，這一則新聞在媒體上引起廣泛關注——孔德學校作為名校卻出現教師與女學生私奔的事情，被許多舊派的「道德」人士諷刺，在當時可謂滿城風雨，議論紛紛。

文樹新的這本日記，是從與楊晦戀愛初次被發現後開始的，日記是以楊晦為唯一讀者的，作為書信的替代品，它行使了書信的作用，向楊晦交代自己生活的一切。日記詳細地記述了家庭成員的反應，母親的監視與教訓，並且堅定地站在父母的對立面，不像一般愛情被阻撓的青年男女那般痛苦與反抗，文樹新的字裡行間帶著少女的調皮與不恭，她與妹妹暗中串通，明修棧道暗度陳倉，表面服從父母，繼續與楊晦書信來往。但凡遇到這種矛盾和家庭危機，當事人幾乎都是特別壓抑的，比如魯迅小說〈傷逝〉中的子君與涓生，廬隱小說〈象牙戒指〉中的張沁珠愛上有家庭的曹子卿，尤其逝女主角的精神壓力特別大。但是文樹新的表現確實令人眼前一亮，她一直扮演了一個勇敢堅決的角色，轉而安慰楊晦，大概楊晦在信中表示了憂慮，因為母親因為這件事曾經找到楊晦家，並脅迫他們斷絕來往。文樹新寫道：「你不要在為這件事難過吧，並不算多麼大的事的，看以後得機會你問了母親，她答應了當然是好，她自己也省得生氣，不答應也一點關係沒有，我們走了好了。」小女孩子的任性與驕傲一覽無餘，「我是自己的，誰也不能干涉我」，這樣的青春語調多麼熟悉——「誰也不能夠做出什麼了不得的事吧，頂多叫我們兩個死在一起，死在一起我想也怪有意思的。」

這是年輕的沒有任何負累的生命之聲，她可以毫無負罪感地為男主角的女兒織一頂冬天的帽子，她只看到兩人之間的愛情。日記中最多的自然是兩人間的小情緒與互訴思念，同時，身為師生，文樹新也經常楊晦彙報讀書情況，她會因為他批評她不如姐姐，可能荒廢自己的才華，而發一頓脾氣，說一堆惹他生氣的喪氣話。轉眼過一天就煙消雲散，再寫一篇日記去道歉。她畢竟是一個年紀尚幼的孩子，小女孩的心態顯現無遺，家庭親戚之間的瑣事、姐妹間的小矛盾、吃穿住行的事情，她也樂於和他分享。她甚至說出了這樣撒嬌的話：「我會是你永遠的聽話的孩子呢。」從文樹新給父親的那封長信可以看出，文父脾氣暴躁，和兒女之間缺少感情交流，恐怕更談不上平等的對話與任性撒嬌，一位年長的成熟穩重，頗富才華，並且知識淵博的老師，自然滿足了少女心中的缺憾。我們知道故事的結局，文樹新的美好愛情如驚鴻一瞥消失了，她不是死於反抗家庭，也不是死於愛情的消失，而是一場產後傷寒。

這是讓人唏噓不已的結局，多年以後文樹新的妹妹文潔若下嫁蕭乾之前，徵求母親的意見，母親略有不滿，蕭乾有婚史還帶著孩子，按照傳統這種婚姻很不上檯面，文潔若明確表示自己對傳統的不屑一顧。母親說：「你二姐（文樹新）是自由戀愛了，要和有家室的好，結果又怎樣？」文潔若說：「二姐走的路並不錯。她是自由自在地創造自我。她早死是命，並不是因為她選擇了這條路。」母親就沒再說什麼，同意了他們的婚姻。

《一個民國少女的日記》除了日記，還有部分姐妹之間的通信，文樹新逃離家庭後，與姐妹們、父親之間的書信，去世後文家姐妹與楊晦的書信來往。在本書中，我們可以讀到的僅是「一半的愛情」，除了一封通報文樹新死亡消息的信，再無多少楊晦的文字來輔助理解那一場風花雪月的故事。那個時代流傳下來多少故事，倘若不是這本書出版，可能完全不會提及這件在當時引起社會震驚的事情。男主角楊晦到底是怎樣的一位人物？楊晦最顯赫的身份是北大中文系主任，而且是歷史上任職時間最長的，楊晦還留給中文系一句流傳廣泛，並深刻影響了中文系學風的「名言」：「中文系不培養作家！」

楊晦是遼寧遼陽人，現代文學史上相當有名氣的作家、文藝理論家，原名興棟，字慧修，後因痛感社會黑暗，改名為晦。楊晦本人有著非常傳奇和豐富的個人經歷，最傳奇的事情就是，一九一九年他參加了著名的五四運動，並且是火燒趙家樓領導者之一。但即使這樣的「資本」，楊晦也從不示人，他的一些朋友和學生幾乎都不知道這段經歷，他的老友臧克家曾回憶說：

我讀到參加過五四運動的別的老同志所寫的火燒趙家樓、痛打賣國賊的回憶錄。文章說，當年衝在前頭，越牆而過的有七八個英雄人物，楊晦先生就是其中之一。可是，我與楊先生相識這麼多年，未曾從他口中聽到這消息。

另外值得一提的是，他是著名的「沉鐘社」的創始人之一，一九二五年冬，和友人馮至、陳煒謨、陳翔鶴一起，成立「沉鐘社」，意在敲退彌漫全國的腐敗和黑暗，敲醒沉睡中的同胞，創辦了綜合性文藝刊物《沉鐘》週刊（後改半月刊）並出版叢書，一直堅持到一九三四年初，共出版三十四期。這份刊物和它的作者得到了文壇盟主魯迅的高度讚譽，稱它為「中國的最堅韌、最誠實、掙扎得最久的團體」。一九三四年四月三日，周作人寫道：「晚慧修來訪，贈蘭陵酒兩瓶，談至十一時去。」兩天後，「上午古藩來訪，至慧修已南行」。楊晦攜酒夜訪周作人乃是辭行，只不過可能沒有說出口，這對孔德學校造成了不小影響，劉半農在日記中也頗有微詞，大概也是因為自己的女兒也在孔德中學的緣故吧。楊晦與文樹新捨家別業也影響到沉鐘社，一九三四年二月底《沉鐘》出完最後一期，終於沉寂下去。後期沉鐘社，基本是楊晦在負責，隨著楊晦和文樹新的出走，「沉鐘」也沉沒下去了。一向沉穩可靠的楊晦，在兒女情長中陷得太深，到了什麼都可以拋棄的地步，完全越出了他的既定軌道。

文樹新的校友、著名戲劇家吳祖光，回憶孔德學校時，也提到淵博的楊晦老師，以及當年那段故事，即使是時過境遷，吳祖光還是發表了跟當年的批評者差不多的言論，「樹新當年不過十四五歲，談戀愛也太早了點，這就該怪老師了。」尤其是文樹新英年早逝，這一切應該對楊晦造成了一定的影響，在他的一份自傳上，我們可以看到，對於他和文樹新密切相關的年份，他幾乎省儉到不著一字：

一九三四我離開北京到了上海。在一九三六年暑假前到到同濟大學附設高中教書，直至抗日戰爭爆發。

而後他記錄了一筆：

一九四八年十一月，香港，愛人待產。大概又有了新的婚姻和家庭。

楊晦的內斂沉默不能不說與這件事多少有點關聯，他的沉默使得這段故事在文樹新逝世後一直藏在塵封的日記中。《一個民國少女的日記》出版後，並不能解開所有的謎團，對於故事中的另一位女主角，文樹新提到的「H」，郝蔭潭女士，似乎更是沉默，作為五四時期婚姻家庭的受害者，她卻並不是一位舊式女性，她和楊晦、馮至是並肩而行的文學青年，曾在《沉鐘》叢書中出過一本小說叫《逸如女士》，應該也是一位才女，在楊晦與馮至的通信中到處可以看到她的名字。當時的新聞報導說，她在聽到楊晦與文樹新出走的消息後，什麼都沒有表示。只是說：「也許將來我們可以看見幾本好的傑作，在中國文壇上出現。」不管這是不是風涼話，這樣的結局並沒有出現。據郝蔭潭的學生趙儷生回憶，她是一位頗受歡迎的好老師，後來離異了，自己孤零零死在雲南。太過壯麗的故事容易有一個落寞的結局，從歷史的塵埃中挖出這部透著新鮮活力的日記，並不能消除故事背後的悲傷與宿命，無以解釋，難以釋懷。

巴金的黛莉

巴金

所有的流傳下來的故事都是講故事的人告訴我們的，孤本或者演繹，在時間的流水中誰能說清楚原本是什麼樣子。於是總有孜孜不倦的讀書人奮力地去求證，試圖在梳理中重現人物和事件原本的容顏。如果沒有一位執著追尋的作家趙瑜，誰會知道一個山西寧武縣一位少女與巴金通信的往事呢。話又說回來，這些歷史掌故知道了又能如何，這就是我們懶惰的理由，任由它們湮沒的湮沒，吹散的吹散，訛傳的訛傳。

文學的碑文上閃耀著的都是響亮的名字，他們意氣風發指點江山，口誅筆伐，而文學的觸角所到之處誰又能衡量它的纖細與敏捷？時間回到一九三六年的中國，那一年，日本帝國主義加快了變中國為其殖民地的步伐，中國社會各個階層都意識到了民族的危險，不僅僅是社會的主要組成部分工人階級、農民階級，而且民族資產階級、國民黨營壘中的愛國人士和一部分地方士紳地主實力派也都有了抗日救亡的要求，可見真是到了亡國的關頭了。一九三六年的戰場上，紅一方面軍突破了晉綏軍的黃河防線，高舉著抗日紅軍的旗幟進入山西。閻錫山一手締造的「鋼鐵山西」的神話被打破了，紅軍佔領了晉南和晉西的廣大地區，逼近首府太原，閻錫山及其手下官員們在太原綏靖公署的大門前，堆起了沙袋並架起了機槍。誰都想不到雄踞一方的閻錫山如此狼狽，情急之下，只好向蔣介石求援，蔣介石派兵進入山西。中共在這樣的局勢下，決定「逼蔣抗日、回師西渡」，於五月初將東征紅軍全部撤離山西。

一九三六年的太原，廣大群眾召開了紀念「九一八」五周年大會，大會發起組建了以抗日救亡為宗旨，以各階級、各界抗日愛國人士為主體的一個統一戰線的群眾抗日救亡的民族革命大同盟性質的組織──「犧牲救國同盟會」。

一九三六年的春天，作家宋之的被圍困在太原，舉目所及是灰色的牆，灰色的土，和穿著灰色衣裳在街頭守望的兵，周圍的空氣氣悶窒息，連行動也被強度的限制著。儘管外面是桃紅柳綠的春天，但是太原和春天無關。一年後，閻錫山在山西公開迫害進步人士，宋之的被迫返回上海。九月在《中流》創刊號上發表了著名的報告文學〈一九三六年春在太原〉，在文壇引起了極大反響。

一九三六年的春天，一名叫趙黛莉的女學生在山西省首府太原的女子師範學校讀書，原名梅生，她嫌這個名字土氣，和同學們一道改了名字，頗有那個年代新青年的氣息。讀書有很多種讀法，有人鑽進故紙堆，有人學會了風雅格調，也有人學會了緊跟著社會的脈搏，趙黛莉應該是後者。她在新式學校接觸到了很多進步文藝作品，其中就有巴金的小說。那樣的年代，女子能夠被允許去自由地讀書，一般都是有一定的經濟實力或者家庭背景。趙黛莉的父親趙廷雅早年留學英國，較早接觸到了文明世界，所以兒女一律都被送到新式學校學習，即使受過西式教育，過著新式的生活，趙廷雅仍然不能說是一個新知識分子，階級的局限性或者說保守性還頑固地存在他身上。據趙黛莉回憶父親和兄弟們或許出於謹慎，或許是家庭的教育原因總是把理論書籍當作「左」的東西，他們本能地排斥暴力革命，而且對趙黛莉萌發的革命情緒視為禍端。但是他們畢竟還是學會了新式的自由理念，不會像封建家長一樣關禁閉，家長作風嚴重，趙廷雅允許女兒自由讀書，正是在這種環境裡，魯迅、巴金、茅盾這些在當時的文化中心風靡的作家作品，都成為黛莉的讀書對象。趙黛莉讀書時不喜歡魯迅的書，她覺得魯迅的書不好讀，讀不進去，對於自發的年輕的心靈，巴金的書是離他們最近的，巴金的書就好像在書寫他們的心事。

趙黛莉與巴金的相遇，的確有偶然的成分，巴金活躍在中國當時的冒險家樂園上海，是眾多不滿現狀的青年們尋求真理的集合地，而太原畢竟是內陸省份，在閻錫山治下多年，相對封閉，無形中更是拉開了兩個地點的距離。即使像巴金的《家》這樣暢銷一時的書，黛莉當時在太原根本買不到，不過機緣湊巧，黛莉的姐姐過生日，姐夫送了一本《家》做禮物。從趙黛莉獲得《家》的方式可以看出趙家是一個新式家庭，讀書的氛圍非常濃厚，作風非常洋派，家裡還訂閱《大公報》，表明這個家庭對時局的關注。正是在《大公報》上，趙黛莉看到了巴金的一段回憶錄，在那篇回憶錄中巴金談了自己的讀書感想，談了虛無主義的理論。這些話像閃電一樣擊中了趙黛莉的心，像很多這個年紀的女孩子一樣，她對世界充滿了希望，不甘心在只看得見四角天空的院子裡消磨青春，一心一意地要到社會上去大展拳腳，然而又很容易失望，偌大的世界放在眼前，不知道從哪裡下手，僅僅是家庭就讓她們綁住手腳無力擺脫。這種愁緒加上一些新書的薰陶，趙黛莉發出了向遠方世界求教的一封信。就這樣，趙黛莉與抒寫年輕的心靈的作家巴金在紙上相遇了，趙黛莉從文學理論意義上說應該是作家的理想讀者。

趙黛莉寫的信現在已經無處查找，不過從作家趙瑜搜尋到的巴金回信中可以猜測出，那是一封很長的信，回憶了自己讀巴金作品的歷史，十二歲讀了《砂丁》，十六歲讀了《家》，並且講述了自己的家庭，因為巴金回信中提到她的姐姐。黛莉還說自己認識《家》中的女主人公琴。巴金立刻瞭解了女讀者趙黛莉的心理，他告訴趙黛莉：「你自己就是一個琴，有自己的弱點，但合乎人性。」趙黛莉像還很多涉世未深的少女一樣，直率坦誠，把自己的困惑與感受毫不保留地告訴巴金，因為他寫出了一本反映大家族青年男女生活的書《家》，而這本書深深打動了內陸城市、有大家族生活的少女黛莉的心。巴金的信溫暖、動人、熱忱，筆下全是殷殷的關切和愛護，透著一種責任、平等友愛，他告訴這位少女：「不要崇敬我，我是一個極平凡的人，而且我也幼稚，甚至有不少的孩子氣。」在信的末尾，他還囑託黛莉以後把信直接寄到他主要的活動地點——文化生活出版社，巴金在信中說還有許多話沒有說，他像愛護其他讀者一樣希望和她繼續傾心交談。這封信也許是巴金作家生涯中很平常的一封讀者來信，他一貫保持著給讀者回信的習慣，也是難能可貴的美德，還曾經出版過一本《短簡》的集子，都是給讀者的回信。對趙黛莉的人生來說，卻是影響深遠，其實年以後，當作家趙瑜採訪黛莉的時候，她依然能夠清楚地背誦起巴金寫給她的信，一字不落，自然有她記憶力好的原因，更重要是巴金對她的深刻影響使然，巴金的這些信，在十七歲少女黛莉心中起了多大的影響在她之後的人生道路上可以看到一些痕跡。

沒過多久，趙黛莉收到了巴金的回信，這對一個普通讀者來說實在是太難能可貴了，於是又有了第二封通信。巴金很快回信並且提到了另外一位少女讀者：

我給另一個十八歲的孩子寫信，也說過同樣的話。社會太黑暗了，人情太複雜了。你是一隻羽毛未豐的鳥，你還不能夠在自由的天空裡飛翔，因為那裡有無數老鷹在等著啄你！

巴金還勸告黛莉不要老想到犧牲，一個少女也應該有些享受，過一些快樂的日子。作家趙瑜採訪趙黛莉的時候，她提到了巴金的夫人蕭珊，巴金給蕭珊的信中，也曾經勸其耐心讀書，不要忙著從家庭裡出走，要珍視讀書的機會。趙黛莉說，也許另一個十八歲的孩子就是蕭珊。其實這個十八歲的女孩是楊苡，著名翻譯家楊憲益的妹妹，只不過年齡有點差異，她一九一九年生於天津，比趙黛莉大一歲，原名楊靜如，身世背景也諸多相似之處，父親也有留學背景，在民國時期擔任天津的中國銀行行長。楊苡曾先後就讀於昆明西南聯大外文系、重慶國立中央大學外文系，後在南京國立編譯館翻譯委員會任職，和她的哥哥一樣成為著名的翻譯家，《呼嘯山莊》、《永遠不會落的太陽》、《俄羅斯性格》等著作就是出自她之手。楊苡在後來的回憶文章中寫到：

那時我十七歲，還在天津讀高中，受到如金絲籠般的家庭束縛，感覺到特別窒息與苦悶，於是就給巴老寫信，向他訴說這一切，並向他描述我的夢想。沒幾天巴老回信了，讓我感動的是，巴老對我這個從未見過面的小讀者十分耐心，他說，不要動不動就說離開家，你要懂得向前看，保持樂觀，多讀書，相信未來。未來總是美麗的。

楊苡對巴金先生極為信賴，即使在婚戀問題上都會向他請教，一九三九年楊苡與詩人趙瑞蕻談戀愛的時候，內心極為惶惑，在愛情與家庭之間惴惴不安，巴金寫信開導她：

任感情自然發展，同時用點理智去引導它（就是說不糊塗），便不會有多大問題。不要過分討厭或者害怕戀愛，只要不做一個戀愛至上主義者便行了。

後來，楊苡結婚生女，巴金還寫信督促她：

人不該單靠婚姻生活，女人自然也不例外。把精神一半寄託在工作上，讓生命的花開在事業上，也是美麗的……如今結了婚有了孩子，算是負上了責任，這也是平常的事。大部分的人都是這樣經歷過的。所不同的是有些人能夠勇敢地奮鬥掙扎，便有了成就；有些人卻低頭怨命，就一無所成。

與趙黛莉的失去聯繫不同，巴金與楊苡的通信維持了長達半個多世紀，直到走向生命的盡頭，巴金還在鼓勵這位比自己年輕的「女孩」繼續寫作。

趙黛莉喜歡讀無政府主義的書，要是說一個青春年少的女孩子具有多麼成熟的社會觀念，可能有點牽強，但是趙黛莉的理想主義情懷，以及年輕生命具有的熱情和無政府主義達到了某種契合，與巴金的通信改變了她的人生：當時許多同學已經離開太原奔赴抗日隊伍了，趙黛莉在時代的激昂情緒下徹底反抗成為敵偽人員的父親，和父親起了衝突，在一個夜晚她決絕地跑出「坡子街二十號」——這個生她養她的家，到外面廣闊的世界去尋找光明和愛，她和自己的同學文彩霞準備一道去抗日。多少革命青年的路都是這樣開端的，多少新生的故事都是這樣啟蒙的，可是戲劇化的結果是，文彩霞家人因為保護文彩霞而拒絕告訴她真實消息，趙黛莉錯失了參加抗日隊伍、加入八路軍的機會。她在茫然中隻身南下，先去重慶尋找辦實業支援抗敵的姐姐和姐夫，結果和文彩霞的約定一樣，又是一場空，姐姐即將搬遷到甘肅。她只能投奔閻錫山設在汾陽城外的省政府臨時辦事處，並隨辦事處人員千里迢迢前往克難坡，後在親朋好友的幫助下落腳西安，又因為仍然無法脫離大小姐生活的無聊，前往甘肅尋姐姐。此後，趙黛莉在世交的襄助下，謀得一份銀行工作，也得到了一份動亂中的愛情。她和一位來自上海的銀行高層相愛了，並且很快結婚懷孕，此情此景多麼像張愛玲在《傾城之戀》裡說的：「在這兵荒馬亂的時代，個人主義是無法容身的，可是總有地方容得下一對平凡的夫妻。」

不是一個城市的毀滅去成全她的愛情，她看起來更像是在奔波中渴望安定下來的一隻小鳥，結果踩錯了枝椏，落到地上，多像荒唐老套的摺子戲。趙黛莉隨丈夫到上海去，才發現使君有婦，並且是兇悍的妒婦，先生無論如何央求，如何強調她們之間的現代愛情，她都沒有回頭。在上海的那段時間裡，趙黛莉一定想到過巴金，她沒有再次向他求教，當年千里迢迢尚且要寫信求教，現在同在一個城市卻斷無聯繫的念頭，這是什麼原因，已經很難去猜測。而巴金曾經警告過她的：「這個特別社會黑暗，會有無數老鷹在等著啄你。」趙黛莉後來的歷史證明，巴金幾乎是一語成讖。這一路走來，坎坷跌宕，卻沒有什麼可以用來傾訴？最重要的是失去了青春年少的激情吧。巴金此時已經和另一位通信的女生蕭姍結合，生活美滿幸福，這個從黛莉的回憶看她肯定已經知道。同樣是懷揣夢想的文學少女，同樣是跌跌撞撞中遇到巴金，楊苡、蕭姍、趙黛莉命運各自不同，就生活本身老說，沒有高低之分，只有面貌不同，遇見誰會有怎樣的結局，又豈是個人能決定的？一環搭不上，全盤皆異。

趙黛莉們的故事只屬於過去歷史上文學的光榮與夢想，現在的文學很難能喚起青年人改造國家和社會的激情，故事就是故事，不可複製。趙黛莉風雨蒼茫的一生就這樣一路走來，容顏衰老了，家庭衰敗了，城市重建了，唯一沒有改變的是，文學和一位青春型作家打在心靈上的烙印，深深淺淺。

在少女們身邊

魯迅

魯迅這一輩子多數時候是嚴肅、不苟言笑、一個都不寬恕、睚眥必報的鬥士，儘管他也有舐犢情深的時刻，說過「無情未必真豪傑，憐子如何不丈夫」的話，然而他終究不是一位風流灑脫的文人，至少不如他向舊世界投擲匕首和長矛時那樣痛快淋漓，他背負了太多沉重的東西。魯迅的結髮妻子朱安女士說自己這一輩子像一隻蝸牛，魯迅又何嘗不是呢，在五四那個開放的時代，多少人高呼著愛情和自由口號，把身上的舊枷鎖砸爛了，丟棄在曠野裡，而他只能在無望的婚姻和喑啞的時代裡踽踽獨行。

魯迅前半生的好多時光都是一位姑娘纏繞著，她面色黃白，小腳，尖下頦，薄薄的嘴唇使嘴顯得略大，寬寬的前額顯得微禿。出身普通人家，娘家姓朱，也是浙江紹興人，比魯迅大三歲。儘管和很多少女有過美麗的邂逅，存錄了她們天真靚影，但他很難邁出和過去決裂的一步。後世有不少閒言碎語，和好事之人的一一考證，不過是徒費精神，俱往矣。不過和少女們在一起的時候，的確是魯迅少有的溫馨時光。

魯迅心中一定有一個美好的少女形象，風雨無阻地抵擋著心靈黑暗的侵襲。

一九二四年二月十六日魯迅創作了小說〈在酒樓上〉，時值五四運動落潮後，舊時代在形式上被打碎了，或者說已經被撬開了一個口子，而新的時代卻遠遠沒有到來，作為五四革命的局中人，已經開始覺醒的知識分子思想上都會混亂徬徨，前進還是退守，找不到一個方向，敵人還是朋友難以辨清，呂緯甫回到故鄉，向早年的朋友傾訴一番是知識分子精神上的一個緩解儀式。在這篇小說裡，文人呂緯甫也就是小說裡的「我」南下回家，在革命的零餘人心裡，一切都不當作一回事，無所謂失望與希望。然而他總是記掛著一件自己稱為無聊的事，給阿順買一朵絨花。阿順是船戶的女兒，她也長得並不好看，平常的瘦瘦的瓜子臉，黃臉皮；獨有眼睛非常大，睫毛也很長，眼白又青得如夜的晴天，她很能幹，事事都周到，也經濟。有一次阿順因為看見誰的頭上戴著紅的剪絨花，自己也想有一朵，弄不到，哭了，哭了小半夜，就挨了她父親的一頓打，後來眼眶還紅腫了兩三天。母親也喜歡阿順，於是讓「我」趁回南的便，買兩朵去送她。「我」先在太原城裡搜求了一遍，後去濟南，為了一朵剪絨花，竟然特意去濟南，可見「我」是多麼地想讓阿順快樂。

阿順不是典型文人想像中的美麗少女，但是她善良、倔強、勤勞能幹，是一顆樸實的種子，撒在家鄉的土地上，是結實的生活產出的果實，和知識分子的虛無形成對比，「我」對阿順的思念大概真正的根源在這裡。阿順還是被草菅人命的社會，索要了性命，為了一句流氓無賴的謊話，白白送了美好的年華，美是多麼脆弱，閃爍在漆黑的夜色裡，也閃爍在文人「我」的苦澀心田裡。

在編譯《愛羅先珂童話集》後所寫的〈序〉中，魯迅稱：

> 我覺得作者所要叫徹人間的是無所不愛，然而不得所愛的悲哀，而我所展開他來的是童心，美的，然而有真實的性的夢。這夢，或者是作者的悲哀的面紗罷？那麼，我也過於夢夢了，但是我願意作者不要出離了這童心的美的夢，而且還要招呼人們進向這夢中，看定了真實的虹。

阿順這樣的女孩，帶著新鮮生命的活力與調皮嬌憨，多少是文人的白日夢吧，一支自己製造的安慰劑，注射在大時代裡徬徨的文人們身上。這樣的少女在作品不止在作品中，在魯迅生活中出現過幾個，不曉得能不能看作真實的虹。

在北京和魯迅走得比較近的是俞家姐妹，一九二三年八月，魯迅與周作人兄弟關係失和，和結髮妻子朱安搬到磚塔胡同六十一號，成為俞家姐妹的鄰居。魯迅遷居上海後，俞芳成為陸老太太的代筆人，對魯迅家事頗為瞭解，她後來寫了不少回憶魯迅的文章。魯迅給俞芳的第一印象是神情嚴肅，令人望而生畏。這種感覺到第二天就變了，魯迅送給俞家姐妹每人一盆積木，俞家姐妹馬上就比著搭起來，魯迅也參加了進來。接觸久了之後，俞家姐妹和魯迅之間變得無拘無束，魯迅因為她們的生肖，戲稱俞家姐妹為「野豬」、「野牛」，俞家姐妹「群起而攻之」，叫魯迅「野蛇」（他生肖屬蛇）。對此，魯迅並沒生氣，反而還笑著問：「蛇也有野的嗎？」魯迅曾比較重視體育鍛煉，帶領俞家姐妹做體操。他常常一邊示範，一邊解釋：「動作要正確，要讓每一個部位的肌肉和筋骨都得到鍛煉。」魯迅工作非常繁忙，但一有空，他也會像小孩一樣跟俞家一起玩，俞芳回憶過：

魯迅曾拿放大鏡，在太陽底下把紙點燃，也曾在滿碗的水面上放縫衣針，一次又一次，直至針不下沉才肯甘休，魯迅還曾把手放在桌上，捏緊拳頭，讓我和妹妹用拳頭去打，說他不怕痛，俞藻第一個上去打，我也接著去打，挨打的人沒痛，倒是打人的先痛了。這時，魯迅就笑彎了腰。

許廣平回憶過和魯迅的交往：

有一天，趁新講義還沒有印出來，先生正預備講書時，姑且和他鬧一下罷，如果成功，就有得好玩了。

「周先生，天氣真好哪！」先生不理。

「周先生，樹枝吐芽哪！」還是不理。

「周先生，課堂空氣沒有外面好哪！」先生笑了笑。

「書聽不下去哪！」

「那麼下課！」

「不要下課，要去參觀。」

「你們是不是全體都去？」測驗是否少數人搗亂，全體起立。

大家都笑了：「先生，一致通過。」

先生想了想，在黑板上寫出「歷史博物館」幾個字，又告訴我們在午門——是皇宮的一部——聚齊，各人分去分頭去．在那裡聚齊。

在這裡師道尊嚴那一套是不存在的，魯迅也在縱容這幫年輕人，篤信進化論的魯迅此時對年輕人還沒有失望，他們的頑皮、不講道理、任情使性、別出心裁在魯迅看來都是新生的象徵，許廣平則用鬧和玩這樣辭彙來形容他們的關係，可見魯迅和她們在一起是相當輕鬆的。之後和許廣平通信，魯迅有一次稱她為「害群之馬」，一九二五年六月，兩人關係忽然進了一大步，魯迅在六月上旬的一封信裡就說：「小鬼（指許廣平）不要變成狂人，也不要發脾氣了。」魯迅和幾個女生一起聚會，居然喝醉了酒，可見他是相當放鬆，魯迅一向胃不好，真有一番豁出去快樂一場的感覺。

這樣的魯迅必定是快樂的，童真之心又回到身上，可以暫時忘卻生活和時代的苦悶，在少女們身邊他必定也重新年輕活波了起來。那段時間，有一群少女經常出入磚塔胡同六十二號，包括俞家姐妹，許欽文的妹妹許羨蘇，當然還有成為魯迅夫人的許廣平，許廣平的同學林卓鳳。儘管外面的世界風起雲湧，北師大風潮讓女學生的課堂上容不下一張書桌，和胡適之間的爭論也逐漸白熱化，一面炮火連天，回到家這個小小天地裡卻充滿了一種調皮輕鬆的氣氛，這種刀尖上行走的刺激也是一段最充實的時光，少女們的崇拜、朝氣，即將帶來的愛情，與敵人的交鋒，都是正的能量，此時也應該是魯迅最勇敢的一段，也就是這時，他終於說出我是可以愛的。

他不是大時代下的小人物，終於體味到了尋常的歡樂。

還有一位少女值得一提，北大教授馬幼漁女兒馬珏，聰明伶俐，讀了不少新文學作品，尤其鍾愛魯迅的作品，由於父親與魯迅過往甚密，結識魯迅。一九二五年，年僅十五歲的馬玨寫下了〈初次見魯迅先生〉一文，文章以稚氣的口吻先寫她從魯迅的作品中得來的對魯迅的印象：

看了他的作品裡面，有許多都是跟小孩說話一樣，很痛快，一點也不客氣；不是像別人，說一句話，還要想半天，看說的好不好，對得起人或者對不起人。所以她想魯迅先生「大概同小孩差不多，一定是很愛同小孩在一起的。」

魯迅很喜歡這篇文章，收入自己編選的《魯迅著作及其他》一書中，並且送書給馬玨，魯迅到馬家，常問起馬玨，如果馬玨在，便和馬玨說幾句話。之後馬玨經常給魯迅寫信，請教學習生、活方面的問題，魯迅都一一作答，通信時間長達七年。魯迅第一次覆信時寫的女士臺鑒或是妝次，不料馬玨馬上寫信抗議，表示不滿意被稱為女士。魯迅被馬玨這個舉動笑得不輕，第二次寫信時稱呼她為兄，心想怕是又要碰釘子，誰料到馬玨卻十分滿意這個稱呼。魯迅與自己交往的幾位少女時，每每在書信上有一番官司，在致二蕭的某一封信上稱蕭紅為「吟女士」（蕭紅有個筆名叫「悄吟」），結果蕭紅不幹了，回信給魯迅提意見，不希望魯迅稱她為女士。魯迅在下一封信裡就開始調侃，說：「悄女士在提出抗議，但叫我怎麼寫呢？悄嬸子，悄姊姊，悄妹妹，悄侄女……都並不好，所以我想，還是夫人太太，或女士先生罷。」

後來馬珏結婚，魯迅也結識了許廣平，在給臺靜農的一封信中魯迅說：

> 今日寄上《蕭伯納在上海》六本，請分送霽（李霽野）、常（常惠）、魏（魏建功）、沈（沈觀，沈兼士的兒子），還有一本，那時是擬送馬珏的，此刻才想到她已結婚，別人常去送書，似乎不太好，由兄自由處置送給別人罷。《一天的工作》不久可以出版，當仍寄六本，辦法同上，但一本則仍送馬小姐，因為那上本是已經送給了她的。倘住址不明，我想，可以託幼漁先生轉交。

關於魯迅的許多故事都沒有下文，就像他的日記，許多小事都記得很清楚，大事卻不會記，和許廣平的交往在日記中就悄然隱去，重新回到小心謹慎的魯迅。

魯迅寫過一篇文章〈上海的少女〉，他覺得上海這個城市有過分注重外貌衣著的勢利風氣，逼得人人都依著這習慣維持表面的虛榮，自然影響了上海女人們的作派，並且無辜波及到少女們。她們在店鋪裡購買東西，側著頭，佯裝薄怒，如臨大敵。自然店員們是能像對於成年女人一樣，加以調笑的，而她也早明白著調笑的意義。總之，她們大抵早熟了——精神已是成人，肢體卻還是孩子。女性在商品化之下被觀看，甚至連心理都發生了變化，不復人生最初一念之天真。這是魯迅不以為美的少女，他一方面受著封建流毒的苦，和沒有生機活力的舊女性捆綁在一起，而商品和市儈化社會對女性的扭曲也讓他扭過頭去苦不堪言，因為這可能是新的傷害，小而言之是少女們的審美和心靈健康，大而言之是國家和社會，這是魯迅的思維，也應該是他偏愛和天真的少女們在一起的原因。

魯迅一家都非常喜歡蕭紅，蕭紅雖然身世坎坷飽經滄桑，還是一副少女的形象，海嬰一看到蕭紅非拉我到院子裡和他一道玩不可，拉她的頭髮或衣裳。為什麼他不拉別人呢？魯迅說：「他看你梳著辮子，和他差不多，別人在他眼裡都是大人，就看你小。」許廣平問著海嬰：「你為什麼喜歡她呢？不喜歡別人？」「她有小辮子。」

據蕭紅回憶，某日要赴一個宴會，蕭紅要許廣平先生給找一點布條或綢條束一束頭髮。許廣平拿了來米色的綠色的還有桃紅色的。共同選定的是米色的。為著取美，把那桃紅色的，許廣平舉起來放在蕭紅的頭髮上，並且許先生很開心地說著：「好看吧！多漂亮！」蕭紅也非常得意，很規矩又頑皮地在等著魯迅先生往這邊看。魯迅先生這一看，臉是嚴肅的，他的眼皮往下一放說：「不要那樣裝飾她……」許廣平和蕭紅就有點窘了。魯迅的精神潔癖略見一斑，蕭紅在魯迅身邊，大概總是一個少女形象，哪怕已是成人，美好的夢想，現世裡難保不自行破碎，倘若自己都去破壞，無底的深淵就又近了一步。哪怕是個玩笑，都斷然不許！

沈從文

永遠的十五歲

如果說作家是靈魂的工程師這句話依然行得通的話，它最好的註解就是對人心人性的穿越，所以有些作家對異性的瞭解超過同性作家，也是常有的事兒，他們綿密的針腳穿越隔閡，細微到極點去縫製對面性別的形象，實存的距離又提請他們遠離窠臼，不會陷入自我言說的泥潭，也就難怪總有後人對他們讚譽有加了，現代作家沈從文、孫犁都是具有這種的稟賦的人。

沈從文是中國文學史上的一大異類，從偏居一隅的小地方走出來，一直倔強地自稱「鄉下人」，在〈鳳凰〉這篇文章中沈從文描述了自己的出身之地——鳳凰縣，自滿清時開始就有軍隊駐節此地，辛亥革命後，湘西鎮守使，辰沅道仍在此辦公。地方居民不過五六千，駐防各處的正規兵士卻有七千，是當時中國綠營軍制唯一殘留之物，駐兵影響了此地三楚子弟的游俠氣概，宗教情緒（好鬼信巫的情緒）熱烈專誠到不可想像。總之，對於京滬文化圈來說，沈從文是一個徹徹底底的「非我族類」，更何況他個人的生活更是從社會這所大學中摸索過來的。他一九一八年小學畢業後隨本鄉土著部隊到沅水流域各地，隨軍在川、湘、鄂、黔四省邊區生活，開始接觸中外文學作品。一九二三年到北京自學並學習寫作，曾去北京大學旁聽，一九二四年後開始發表作品，受到胡適、徐志摩、林徽因等名家的激賞，成為京派文學的代表作家，湘西古樸彪悍的民風與沈從文優美忱摯的文風，合力熔煉造成了對「文明人的又一震撼」，在沈從文的筆下，「湘西」代表了一種「優美、健康、自然，而又不悖乎人性的人生形式」，而樸素、靜美、安怡的少女又是沈從文的湘西系列最出挑的寵兒，她們不僅是自然孕成的完美清純的產兒，更是沈從文美學理想的外化。

沈從文是一個特別喜歡少女的作家，他寫了許多十幾歲的少女。〈長河〉裡的蕭蕭，十五歲時已高如成人，像春天的野花一樣絢爛地綻開了；〈三三〉裡，「照規矩十五歲的三三，要招郎上門，也應當是時候了」，等待著情郎的到來；〈鳳子〉裡那個黑臉農戶的女兒「今年也十五歲，全寨子裡五十六個女孩子唯她辮子黑，眼睛亮，織麻最快，歌聲最柔軟」；《邊城》裡的翠翠「在一種近乎奇蹟中，這遺孤居然已經長大成人，一轉眼間便十五歲了」。沈從文寫到這些少女的時候，總是難以掩飾住自己滿腔的愛意，彷彿要把大自然中最美好的植物動物都幻化成她們的身姿，並且永遠都讓她們保有一種懵懂未識的情態。這些少女中最廣為人知的是翠翠，她來自沈從文的代表作《邊城》，這是一部傳誦最廣的小說，翠翠經由這部小說成為很多人心目中的美麗與哀愁。

翠翠自小失去父母，她的父母有一段憂傷的愛情故事，殉情後留下翠翠與管理渡船的外祖父相依為命，按照沈從文在小說裡的描寫，翠翠是在湘西的風日裡長養著，把皮膚變得黑黑的，觸目為青山綠水，一對眸子清明如水晶。自然既長養她且教育她，為人天真活潑，處處儼然如一隻小獸物。人又那麼乖，如山頭黃麂一樣，從不想到殘忍事情，從不發愁，從不動氣。平時在渡船上遇陌生人對她有所注意時，便把光光的眼睛瞅著那陌生人，表現成隨時皆可舉步逃入深山的神氣，但明白了人無機心後，就又從從容容在水邊玩耍了。十五歲的年紀，在湘西的風俗裡長大了，有一些沉默的和羞怯，跟隨外祖父端午節觀看龍舟賽，邂逅儺送，就為儺送豪爽開朗、樂於助人的品格和颯爽英姿所吸引，成了生活中最美好和甜蜜的秘密，隱隱約約滋潤暗長在心田裡。可是儺送的哥哥天保卻託媒人來提親，又有傳聞王員外欲以儺送為婿，都給翠翠的愛情帶來了煩惱和威脅，翠翠為此苦悶、煩惱、寢食不安，雖然她和儺之間已經兩情相悅，但天保和儺送卻要展開一場愛情的爭奪，故事的結局非常意外，天保意外身亡，儺送沒有許諾地離開。留下美麗、恬淡的翠翠日日翹首矚望山那邊、河那邊，即使在爺爺去世孤身一人的情況下，她也謝絕了儺送父親順順和其他好心人接她去住的好意，依然守著渡口，一個一個日子過下去，等待那個歌聲讓她的靈魂浮起來的年輕人。小說的結尾非常飄渺：這個人也許永遠不回來了，也許「明天」回來，正是這句話把翠翠永遠定格在渡口上。

《邊城》裡少女翠翠的原形有好多來源，沈從文經常說起的其中之一是嶗山少女，並且還有個典故，沈從文先生乘汽車去嶗山，在北九水看到了一個清純明慧的鄉村女孩，好給沈先生留下了頗深的印象。此時，沈從文先生正豐醞釀創作小說《邊城》，這個嶗山少女是一個觸機，使翠翠的形象頓時鮮活了起來。他就對張兆和說：「這個我可以幫你寫個小說。」另外，在《湘行散記・老伴》裡，沈從文敘述了一個當年行伍中的同伴在一座小城裡，看上了一個絨線鋪裡的女孩子，於是藉買繫草鞋的帶子，到絨線鋪裡去了三次。十七年前後，沈從文故地重遊，絨線鋪子依舊，那女孩一如當年坐在絨線鋪裡，到後來才知道她是原先那個女孩子的女兒。而她的父親就是自己當年的那位同伴，其時，妻子已死，他自己也未老先衰。「時間同鴉片煙已經毀了他」。但他的眉宇之間，卻透出「安於現狀的神氣」。沈從文感到了悲涼：「我寫《邊城》故事時，弄渡船的外孫女，明慧溫柔的品性，就從那絨線鋪小女孩印象而來。」而《邊城》結尾處淡定於等待的翠翠沒與絨線鋪的女孩又是何其相似。

翠翠的另一個原型是張兆和，這個相攜一生的伴侶曾經深深地影響了沈從文的創作，兩人的故事是被後人所津津樂道的文人愛情範本，故事也被演繹了好多細節。一九二九年沈從文被徐志摩推薦去中國公學做老師，校長是胡適，他們都是沈從文的知己朋友，這一年他遇到了十八歲的張兆和，張出身名門，容貌秀麗，身材頎長，非常特別的是皮膚黝黑，和一般的江南美女不同，在學校裡是個引人注目的女生。儘管沈從文當時初涉大學講壇，上課都會漲紅臉，緊張得說不出話來，樣子比學生還要拘謹，但他追求起張兆和來卻毫不含糊，勇敢得像個鬥士。張兆和頑固地拒絕都沒有打消他的鬥志，愈挫愈勇，寫出了最美的情書：「我行過許多地方的橋，看過許多次的雲，喝過許多種類的酒，卻只愛過一個正當最好年齡的人。」經過苦苦追求，沈從文終於如願以償，在《邊城》的寫作中，沈從文說：「一面就用身邊新婦做範本，取得性格上的樸素式樣。」張兆和的外貌和性格都和翠翠有很多的相似之處，應該算是對苦盡甘來愛情的一點紀念吧。

文學創作不是簡單地排列組合，不是加減法，小說最重要的或許不是人物與故事，而是一種情緒，正處於新婚期的沈從文應該是在一種甜蜜的心境中，梳理了自己的一段人生路。拋開「抽象的抒情」的美學理念，牧歌文體的追求，以及對「變」與「常」、文明與野蠻的思索，翠翠一樣的寂寞哀愁，多多少少也是自己感情生活的投射。沈從文有一個被自己形容為做了錯事的初戀，在芷江的時候結識了意氣相投的書生馬澤淮，經由他認識他的姐姐，兩人大有相見恨晚之意，在沈從文的筆下那個女孩子的形象是有點羞赧，白白的面龐上飛起緋紅的笑靨、細腰長身，體態輕盈，身體各部分配置得似乎都恰到好處。胸前一對拳頭大結實的小乳房，半害羞似地躲在襯衫裡，又半挑逗似的彷彿要從衣縫中豁裂而出。沈從文第一次親身體驗到了愛情的滋味，並且讓他完全陷入忘我的境地，和後來對張兆和的愛情似乎有很多相似的症狀，儘管此時芷江突然發生了戰事，城裡人都惶恐不安，關心戰事的發展，只有沈從文無暇顧及這些，他正無日無夜地給那個女孩子趕製舊詩，他的好友馬澤淮更在一旁煽風點火，有意無意地透露姐姐對沈從文的讚賞，沈從文無疑受到了鼓勵，推掉了好幾個婚姻意向，他要按照自己的計畫作去追求芷江女孩。不得不說這是一個非常古怪的結局，馬澤淮一邊鼓勵陷入愛情幻想中的沈從文，一邊不斷向他借錢，看當時的情形，應該是有眾多親戚勸阻，但沈從文都置之不理。馬澤淮似乎很講信用，「今天向我把錢借去，明天即刻還我，後天再借去，大後天又還給我。」借多還少，時間一長，沈從文發現母親交給自己保存的賣房子的那筆錢，有一千塊錢左右的數目竟然無著落了。沈從文醒悟過來，急尋馬澤淮，可他從此就杳無蹤影，並且再也找不到他，才恍然驚覺。沈從文的當時的經濟狀況應該有諸多尷尬，在芷江謀生頗有成就，於是母親和妹妹賣掉家鄉的宅邸跟著沈從文生活，滿心希望能安穩度日，這樣一下子就陷入困境，並且給人一種不想學好的印象。這件事最直接的後果就是連累到母親氣慪，沈從文感到自責的痛苦，在給母親的信中說：「我做了錯事，對不起家裡，再也無臉見人。我走了，這一去永遠也不會回來了。」

這也似乎成為沈從文後來強調的重點，而芷江女孩是否對他有感情，倒是幾乎沒有提到，青澀的初戀並且是單戀，對沈從文這樣心思縝密，情感豐沛的男子來說，肯定是鐫刻著清晰痕跡，但因為又是一段摻入了太多世俗利益的感情，沈從文在文章中含糊而過，不願過多提及，唯以失敗形容自己的心情。翠翠無常的愛情而有著他初戀的影子，獲得愛情一剎那的心動，與等待中焦灼沉默的表情，沈從文必定有過類似的沉迷吧，而這一去永遠也不會回來了的沈從文，也是失愛的儺送不得以的選擇。單戀的沈從文把自己的心情融入了兩個彼此深愛的人心中，是對自己殘缺愛情的一種補償，沈從文自己曾說寫作《邊城》使得「過去痛苦的掙扎，受壓抑無可安排的鄉下人對於愛情的憧憬，在這個不幸故事上，才得到了排泄與彌補。」

沈從文開始寫《邊城》應該是一九三三年的秋天，古老安詳的北平是一個可以安靜下來的地方，新婚不久的沈從文內心也獲得了一種平靜，於是這部恬靜沖淡，擁有小品散文的筆調、詩詞曲令的意境的小說就開始發芽成長了。《邊城》完成是在一九三四年四月，是沈從文再次回到家鄉之前寫出來的，奇怪的是，作家適逢感情最得意的時候，卻想到自己初戀的失敗，並且把它以一種散文化的筆調來表現出來。

據說在小說剛發表的時候就有很多人都想不清楚為什麼會寫出這樣曲調的作品出來，沈從文夫子自道地說過這樣的話：

即以極細心朋友劉西渭先生批評說來，就完全得不到我何如用這個故事填補我過去生命中一點哀樂的原因。

後來的一些考證發現答案隱隱的可以從〈水雲〉裡面找到，在〈水雲〉裡出現了「偶然」這個穿者青衣的女孩子，原來沈從文和張兆和一直被神話的愛情故事後面，依然有一段橫溢的情感，浪漫的愛情走向實際的婚姻，天性浪漫的小說家在精神上偶爾生出厭倦疲乏的心緒，也是常情吧。正好在這個階段，遇到了文學青年高韻秀，筆名高青子，人美麗優雅，連張兆和都承認她是個美人，又加上她特別喜歡沈從文的小說，蘭心慧質的女孩對作家一往情深情，兩人竟嚐到了極端的幸福。那種感覺恐怕只有林徽因給沈從文的勸慰信中說得熨貼透徹，她說：

我認為最愉快的事都是一閃亮的、在一段較短的時間內進出神奇的——如同兩個人透澈的瞭解：一句話打到你的心裡使你理智和感情全覺到一萬萬分滿足；如同相愛，在一個時候裡，你同你自身以外另一個人互相以彼此存在為極端的幸福；如同戀愛，在那時那刻眼所見，耳所聽，心所觸無所不是美麗，情感如詩歌自然地流動如花香那樣不知其所以。這些種種都是一生不可多得的瑰寶。

一九三六年春節剛過，沈從文與高韻秀的婚外戀已經在家裡鬧出了矛盾，坦誠的沈從文將自己的經歷和感受告訴了張兆和，張兆和感到意外、震驚和不解，一氣之下回了蘇州娘家。就像他和張兆和開始一樣，沒有人能說得出張兆和從頑固地不愛到接受的臨界點，也沒有什麼清楚的界限表明他和高青子的愛情結束了，一切都在文字的檯面上渺無痕跡，高韻秀和他一起生活了幾年，從北京轉到昆明，之後高青子嫁作他人婦。沈從文說自己是一個膽小的人，作小說是逃避現實者最大的成就，因為小說是作家將熱情注入故事中，使他人得到滿足，而自己得到安全，並從一種友誼的回聲中證實生命的意義。至於《邊城》是不是對高青子事件的一點紀念，誰能真正說得清楚？這些美好的女孩子都會長大成人，都會到文明的社會中去沉淪去生活，留住她們身影的只有一個路過的作家，即使有心人，也會迎面不識，而這又有什麼關係？誰不是在萬丈紅塵中，誰又能留得住時間！

那些青春的面龐

孫犁

在北方大地蒼茫的版圖上，有一個叫做白洋淀的地方，位於冀中偏北部，抗戰時期有三十六個水村，居民萬餘人，淀內有葦田十二萬餘畝，這裡豐饒美麗盛產稻、麥、菱、葦、藕、魚蝦、水禽等，是華北著名的「魚米之鄉」；這裡到處是飄飛的蘆花，潔白如雪的葦子，清幽豔麗的荷花。正是這一方水土成就了文字的豐饒，成就了現代文學史上的作家孫犁，也孕育了一批來自北京的知青詩人芒克、多多，這裡是他們青春放歌的地方。

孫犁是土生土長的白洋淀人，十二歲在安平縣城上小學時，開始接觸五四新文學，陸續讀到了一些魯迅和文學研究會其他成員的作品，這些作品對他的視野產生了一定的衝擊。孫犁十四歲考入保定育德中學，學習期間，開始閱讀社會科學、文藝理論著作和一些蘇聯文學作品，為後來的創作和評論奠定了很好的基礎。高中畢業後無力升學，流浪到當時的文化中心北平，在圖書館讀書或在大學旁聽，曾用「芸夫」的筆名在《大公報》上發表文章。這個期間還先後在市政機關和小學當過職員，對社會生活有了切身的體驗和認識。抗日戰爭爆發後，他在冀中區從事革命文化工作，先後後調職到冀中區辦的抗戰學院任教，晉察冀通訊社工作。一九四四年孫犁去延安，在魯迅藝術文學院工作和學習。在延安，他發表了〈荷花淀〉、〈蘆花蕩〉等作品，以其清新的藝術風格引起了文藝界的注意。

一九五八年，孫犁將解放前及解放初期的創作結集為《白洋淀紀事》，是作者最負盛名和最能代表他的創作風格的一部小說與散文合集。它主要反映抗日戰爭、解放戰爭和中華人民共和國成立初期，冀中平原和冀西山區一帶人民在中國共產黨的領導下進行戰爭、土地改革、勞動生產、互助合作以及移風易俗的生活情景。作品從多方面勾勒了時代和社會的歷史風俗畫面，以明麗流暢的筆調，秀雅、雋永的風格和豐富的勞動者的鮮明形象，在讀者中間引起了強烈的反響。由於其廣為流傳的名篇〈荷花淀〉，以孫犁為代表的這種風格流派被稱為「荷花淀派」。

孫犁最擅長寫女人，尤其是鄉村女孩，他創作的高峰期正是中國兵荒馬亂、多災多難的階段，日本侵略者的鐵蹄踏上了家鄉的山川土地，他躲開了刀光劍影，武戲文寫，塑造了一群質樸可愛的農村女性，即使是她們憤怒的眼神，也帶著一股嬌憨，在動亂的沉重中給人一抹溫暖和希望。孫犁的小說〈吳召兒〉是一段文化幹部到鄉村去指導民運工作的美好記憶，初到鄉村，就感覺到熱鬧的氛圍，山溝的青年婦女們，碰起球來，真是熱烈，整個村子被歡笑聲浮了起來。小說的主角是一個叫吳召兒的女孩，「我」是識字班的老師，點名點到吳召兒的時候，「聽見嗤的一聲笑了。抬頭一看，在人群末尾，靠著一根白楊木柱子，站起一個女孩。她正在背後掩藏一件什麼東西，好像是個假手榴彈，坐在一處的女孩子們望著她笑。她紅著臉轉過身來，笑著問我：『念書嗎？』『對！你念念頭一段，聲音大點兒。大家注意！』她端正地立起來，兩手捧著書，低下頭去。我正要催她，她就念開了，書念得非常熟快動聽。就是她這認真的念書態度和聲音，不知怎樣一下就印進了我的記憶。下課回來，走過那條小河，我聽到了只有在阜平才能聽見的那緊張激動的水流的聲響，聽到在這山草衰白柿葉霜紅的山地，還沒有飛走的一隻黃鸝的叫喚。」

吳召兒清新美麗的樣子和認真的態度、動聽的聲音，讓「我」彷彿置身在溪澗流水、草長鶯飛的江南三月一樣，作家的筆觸帶著愛戀的溫情。和吳召兒的邂逅還有後續：

反掃蕩的時候，吳召兒被村長派來給我們當嚮導，她跑出來的時候特地穿上一件紅棉襖，一個新鮮的白色掛包，斜在她的腰裡，裝著三顆手榴彈。在爬山途中，儘管山黑的怕人，高的怕人，危險的怕人，吳召兒卻爬的很快，走一截就坐在石頭上望著我們笑，像是在這亂石山上，突然開出一朵紅花，浮起一片彩雲來。當一大批敵人包圍了大山，吳召兒為保護轉移人員，毫不猶豫地迎上去，把棉襖的白裡子翻過來，她就活像一隻逃散的黑頭的小白山羊，登在亂石尖上跳躍著前進。那翻在裡面的紅棉襖還不斷被風吹著，像從她身上撒出的一朵朵的火花，落在她的身後。

紅棉襖這個細節，是少女愛美的天性，是一個活動好動的少女在艱難的環境中隊美好生活情愫的眷戀，也是作家對生活中美的發現和詩意嚮往，在灰色的背景中，這一抹亮色格外照人，也是一副很好的構圖，帶來了動與靜的對照，像一團火一樣燃燒了死寂，攪動了沉靜，那個女孩子是扎眼、出挑與躍動的星辰。

孫犁筆下的女孩還有另一種類型的潑辣，充滿野性，如〈鐵木前傳〉的小滿兒，在解放初的文學作品中，正面的女主角都是根正苗紅、行為正派、愛勞動的女孩子，孫犁卻塑造了這麼一個女孩子：長得漂亮出眾，齊肩的油黑的頭髮，紅潤的嘴唇，柔嫩的像粉面兒捏成的手。熱衷打扮自己，新做的時興的花棉襖，被風吹折起前襟，露出鮮紅的裡兒，對村子裡的男青年有著強烈的吸引力，連那些賣胭脂粉兒香胰子的小販，也都跟蹤到這村裡來了。更重要的是她的行為，空著的一隻手，扮演舞蹈似的前後擺動著，肥大的像兩口大鐘似的棉褲角，有節奏的相互磨擦著。繡花鞋，平整的在地下邁動，像留不下腳印似的那樣輕鬆，她通過長長的大街，就像一位凱旋的將軍。完全是一個落後女性的形象，孫犁對她的描寫沒有走向單面，在多重的敘述中還原了她複雜的內心世界，她原是城東一家包娼窩賭人家的女兒，老一輩就沒有給她留下好榜樣、好名聲。她的年輕漂亮，有個性，不喜歡被束縛，喜歡跟村裡的「落後」男青年一起玩耍，並橫刀奪愛，與處在戀愛危機中男青年六兒相戀。小滿兒聰明伶俐，卻帶著一些神秘的憂鬱氣質，她每次都躲過民校學習，一個人繞到村外去，像螢火蟲一樣四處飄蕩。難以抑止那時時騰起的幻想和衝動，她拖著沉醉的身子在村莊的圍牆外面、在離村很遠的沙崗上的叢林裡徘徊著。即使是看起來的落後分子，在孫犁的世界裡，都不是千人一面的，她們依然有自己的內心世界，有常人無法參透的黑暗角落，看似輕佻的舉止與熱情純潔、狡黠多疑，野性難馴與知情達理，遊手好閒與冰雪聰明，奇崛地組合在一起，沒有一份對女孩子的貼切與憐惜，是很難塑造出這樣的形象的。

孫犁十歲的時候已經熟讀《紅樓夢》，也許賈寶玉的女孩情懷多少影響了他，他的感情世界裡對女人多了一份理解和珍惜。童年時代的他幾乎是生活在女兒國裡，她們的品德和性情對他的世界認知影響至深，成為他作家生活的序曲。母親是為古道熱腸的鄉村婦女，在力所能及的範圍內周濟相親，性格樂觀開朗。父親去安國做生意，居家搬遷，孫犁的母親帶著孫犁的一位表姐，這位表姐幼年喪母，孫犁母親當作自己的女兒養育。孫家在安國寄住在姓胡的一個地主家，兩家關係親近，遂認作乾親，他的女兒就是孫犁乾姐，這個女孩讀書識字，生的聰明秀麗，好說笑，對孫犁非常熱情，她的刺繡和畫的桃花讓孫犁很是羨慕。乾姐還讀《紅樓夢》給表姐聽，表姐記憶力很好，再複述給孫犁。孫犁的童年記憶裡還有一位遠房表妹，在孫犁的回憶裡她性格溫柔，好說好笑，和自己很合得來，兩個人一起養蠶，孫犁養不好，就放在表妹那裡一起養，表妹鄭重承諾蠶吐絲以後鋪在孫犁的墨盒裡，因為「她雖然不念書，也知道，讀好了書，就是我的錦繡前程」；還有另一位陪伴了孫犁大半生的女性——妻子，孫犁曾經說自己的文學語言有兩個來處，一個是母親一個是妻子。兩人雖是舊式婚姻，但他們兩人相濡以沫，走過了漫長的四十多年人生路，在漫長的日子裡，妻子對孫犁的愛可以稱得上孫犁所說的「情義兼顧」。一九七一年四月，老伴病故，一度讓孫犁情緒低落。有人曾勸他：妻子生前對他除了生活照顧、生兒育女外，在文字工作上也曾給予他不少幫助，現已年高體衰，應該抓緊時間多寫寫，孫犁一直拖延著沒有寫。因為一想起他們「相聚之日少，分離之日多。歡樂之時少，相對愁歎之時多」時，就不願再回顧了。但他有一段時間，卻幾乎每晚都夢見她，想擺脫也做不到。後來再〈亡人逸事〉中總結了妻子的一生：

青春遠離，曾無怨言，攜幼奉老，時值亂年。親友無憾，鄰閭無間。晚年相隨，我性不柔，操持家務，一如初娶。知足樂命，安於淡素。

這些美好的女性形象一直影響著孫犁的審美，於是我們總是看到他女孩子美麗可愛的一方面展示給我們。〈山地回憶〉妞兒熱情潑辣，爽快率直，質樸善良，勤勞能幹。妞兒和「我」在河邊相遇，發生爭執。妞兒說道：「你看不見我在這裡洗菜嗎？洗臉到下邊洗去！」「我」聽了很不高興。這樣冷天，「我」來砸冰洗臉，反倒妨礙了人，心裡一時掛火，就也大聲說：「離著這麼遠，會弄髒你的菜！」「菜是下口的東西呀！你在上面洗臉洗屁股，為什麼不髒？」「我」站立起來轉過身去，才看見洗菜的是個女孩子，也不過十六七歲。風吹紅了她的臉，像帶霜的柿葉，水凍腫了她的手，像上凍的紅蘿蔔。她穿的衣服很單薄，就是那種藍色的破襖褲。兩個人的情緒稍稍緩和之後，「我」才發現這個脾氣暴躁，語氣生硬的女孩子，看似不近情理，卻是她有意同「我」開玩笑。當她看到身為八路軍幹部的「我」冬天沒有襪子穿，便拿出家裡僅有的一點「白粗布」，用五天時間給「我」做了一雙結結實實的厚襪子。最後她笑著問「我」：「保你穿三年，能打敗日本不？」

實際上，小說中描寫的許多故事情節與孫犁在現實生活中的遭遇卻大相徑庭，現實生活的情形是在去延安的路上，孫犁到了一個看不見什麼人的村莊，在一家老百姓宅院中吃完飯洗碗時，被預先埋藏在灶裡的一枚土製的定時炸彈炸得滿臉的污水和菜葉。他受驚後，到村外的小河裡去洗臉。結果，在洗臉時，與一個正在下游洗菜的婦女爭吵了起來。孫犁說：

> 這個婦女很刁潑，並不可愛。我也不想去寫她。我想寫的，只是那些我認為可愛的人，而這種人，在現實生活中間，佔大多數。她們在我的記憶裡是數不清的。洗臉洗菜的糾紛，不過是引起這段美好的回憶的楔子而已。

在創作〈山地回憶〉時孫犁顯然隱去了現實中不好或不愉快的一面，而按照自己的「理想和願望」，「美化」和「完善」了筆下的人物：

> 〈山地回憶〉裡的女孩子，是很多山地女孩子的化身。當然，我在寫她們的時候，用的多是彩筆，熱情地把她們推向陽光照射之下，春風吹拂之中。在那可貴的艱苦歲月裡，我和人民建立起來的感情，確是如此。我的職責，就是如實而又高昂濃重地把這種感情渲染出來。

雖然塑造了如此之多的女性形象，通觀起來卻是少女居多，即使是〈荷花淀〉裡的水生媳婦，也是有一股少女的嬌羞態，〈亡人逸事〉裡對妻子少女時代、新婚生活的活潑憨態可掬也描寫的比較多，可見孫犁對於少女之厚愛。老人自己曾坦率地承認：

我確實相信曹雪芹的話——女孩子們心中，埋藏著人類原始的多種美德，這些美好的東西，隨著她們年齡的增長，隨著她們的為生活操勞，隨著人生的不可避免的達爾文規律，逐漸減少，直至消失。我，直到晚年，才深深感到其中的酸苦滋味。

年齡的增長讓孫犁覺得自己已經遠離了青春，老年之後童年時代給自己美好記憶的表妹已經是耄耋老人，延安時代的愛情女主角他也沒有再去追尋的勇氣，即使再遇到了青春的姑娘，他已經不復年少的他了。病中修養的孫犁曾經遇到過一位讓他怦然心動的鄉下姑娘：「她有二十來歲，個子不高，梳兩條小辮。長得也不俊，面孔卻白皙，眼神和說話，都給人以嫵媚，叫人喜歡。」這位姑娘，平日看來靦靦腆腆，總是低著頭，遇到一定場合，真是嘴也來得，手也來得。後來調到人民大會堂去做服務員，孫犁後來在北京見到她，她出入大會堂，還參加國宴的招待工作，還給孫犁表演過給貴賓斟酒的姿勢，還到中南海參加過舞會。他非常思念那位女孩子，雖然他知道，這談不上什麼愛情。他覺得對自己來說，青春才有愛情，中年以後，有的只是情慾。兩人分別後，留下的都是遺憾：這是雲煙往事，是病期故事。是萍水相逢。萍水相逢，就是當水停滯的時候，萍也需要水，水也離不開萍。水一流動，一切就成為過去了。實際上，孫犁很難忘記這個姑娘「情意的線，卻不是那麼好一刀兩斷的。夜裡決定了的事，白天可能又起變化。斷了的蛛絲，遇到什麼風，可能又吹在一起，銜接上了」。這些沒有完結的故事和情緒，他都寫在了小說《芸齋小說二篇‧無花果》那些淡淡傷感的語句裡：

四十三歲時，我病了，一九五八年春季，到青島休養。青島花木很多，正陽關路的紫薇，紫荊關路的木槿，猶為壯觀，但我無心觀賞。經過夏天洗海水浴，吹海風，我的病輕了一些，到了秋末冬初，才細心觀察了一下病房小院的景色。這原是什麼闊人的別墅，一座三層的小樓，樓下是小花園。花園無人收拾，花卉與野草同生。東牆下面，有幾株很大的無花果，也因為無人修剪，枝杈傾斜在地上。天氣漸漸涼了，有些為了來避暑的輕病號都走了，小樓就剩我一個人。有一個護理員照料這裡的衛生。她是山東蓬萊縣人，剛離家不久，還帶有鄉村姑娘的樸實羞怯味道。雖然不管樓房以外的衛生，卻把小花園看作她的管理範圍，或者說是她的經濟特區。花，她可以隨便摘了送人，現在又把無花果的果實，都摘下來，放在樓下一間小房裡。

孫犁老伴去世後，又經歷了狂熱的愛情，不過結局很寥落，他這一輩子對女人的愛也許只能在文字裡得到釋放，所以那些美好，在紙上永恆。

汪曾祺

高郵的小英子

在當代中國，文學與政治總是處於一種微妙走鋼絲的互生關係中，政治嚴厲的時候會壓制文學的自由表達，稍微鬆動的時候又會給文學帶來意想不到的機遇。從一九七七年下半年開始，《北京文藝》開始擺脫政治傳聲筒的角色，實驗著發表一些表達現實之聲的小說，處處醞釀著改變和新生的氣息。偶然的機會，雜誌編輯看到了汪曾祺自娛自樂之作〈受戒〉，極為震驚，小說原來可以這樣寫，一種讓人耳目一新又直抵心扉的小說寫法呼之欲出，經過編輯部的討論，決定刊發。一九八〇年第十期，《北京文藝》改為《北京文學》，從一個綜合性的雜誌改成文學期刊，也是順應時代的變化和要求。改刊這一期是一個小說專號，汪曾祺的小說〈受戒〉赫然在列，同期的作者還有李國文、母國政、叢維熙、張潔、張弦、陳祖芬、鄭萬隆等著名作家。小說發表後，成為傳誦一時的作品，《北京文學》稍後以集束手榴彈的形式連續在一九八一年第二、四、十期，又分別推出了汪曾祺以故鄉高郵為主要題材的系列小說〈故里雜記〉、〈大淖紀事〉、〈徙〉。那一年，汪曾祺的作品幾乎可以用洛陽紙貴來形容，在各地雜誌一路花開。從此在小說的世界裡，多了許多高郵這個地方的人和事，其中有一位少女叫做小英子。

〈受戒〉寫的是小和尚明海與小英子之間的純淨透明的愛情。這是一個沒有世俗常規的地界，荸薺庵的小和尚明海過著輕鬆自在的寺廟生活，連早課、晚課也不做，只是敲幾聲磬，然後挑水、餵豬。寺廟裡只有老和尚最守規矩，他是吃齋的，但過年時也破戒。明子的舅舅仁山是「當家的」，掌管寺廟裡裡外外的俗務。二師父仁海是有老婆的，夫妻倆在廟裡過起了逍遙自在的小日子。三師父精明能幹，風流倜儻，能玩牌，會「飛鐃」，還長於唱山歌小調。這個廟裡無所謂清規，連這兩個字也沒有人提起。他們吃肉不瞞人，年下也殺豬。他們也舉行宗教儀式，可那歡快的場面更像是人生的舞蹈，過後往往會有一個兩個大姑娘、小媳婦失蹤——跟和尚跑了。

明海結識了小英子一家，小英子父母和姐姐大英子，他們住在寺廟附近，一家人其樂融融幸福地生活著。兩姐妹長得像媽媽，白眼珠鴨蛋青，黑眼珠棋子黑，定神時如清水，閃動時像星星。頭髮滑溜溜的，衣服格掙掙的。這裡的風俗，十五六歲的姑娘就都梳上頭了，通紅的髮根，雪白的簪子！姐妹倆長得很像，性格不同。大姑娘很文靜，話很少，像父親。小英子熱情潑辣，一天嘰嘰呱呱地不停。小英子熱情潑辣，心靈手巧，明海會畫花，小英子就把它們繡出來。他們共同勞動，一起薅草，車水，春去秋來，他們的心田裡漸漸長出了愛情的苗子。受戒本來是和尚表明接受佛門戒律的儀式，而就在明海受戒的同時，兩個小主人公的愛情也走向成熟。小英子划船迎接受戒的明海時，忽然把手裡的槳放下，走到船尾，趴在明子的耳朵旁邊，小聲地說：「我給你當老婆，你要不要？」明子眼睛鼓得大大的。「你說話呀！」明子說：「嗯。」「什麼叫『嗯』呀！要不要，要不要？」明子大聲地說：「要！」「你喊什麼！」明子小小聲說：「要——！」

故事發生在一種純美詩意的環境中，故事中的人物卻不是不食人間煙火的仙女，少女小英子在表達愛情上是英勇和大膽的，她不扭捏，帶著鄉土的野性和生命本能衝動，即使是唯美和詩意的，也是健康和符合人性的。〈受戒〉的結尾這樣描寫小英子和明海的愛情昇華——英子跳到中艙，兩隻槳飛快地划起來，划進了蘆花蕩。蘆花才吐新穗。紫灰色的蘆穗，發著銀光，軟軟的，滑溜溜的，像一串絲線。有的地方結了蒲棒，通紅的，像一枝小蠟燭。青浮萍，紫浮萍。長腳蚊子，水蜘蛛。野菱角開著四瓣的小白花。驚起一隻青樁（一種水鳥），擦著蘆穗，撲魯魯飛遠了。這裡的描寫有性暗示的成份，帶給讀者的卻只有生命本能的唯美意境，與小說中的人物、故事發生的自然環境，高郵的地域文化恰如其分地組合在一起，讓人找不到更好的排列方式。

〈受戒〉末尾有一句汪曾祺特別注明的話：「一九八〇年八月十二日，寫四十三年前的一個夢。」四十三年前應該是一九三七年，這一年到底有一個怎樣的夢，讓汪曾祺一直念念不忘？關於這個註解，汪曾祺在〈孤蒲深處〉中說，小說中的大英子、小英子是有的，大英子在他家帶過他的弟弟，沒有小和尚，小英子和明海的戀愛是虛構出來的：

小和尚那種朦朦朧朧的愛，是我自己初戀的感情。世界上沒有這樣便宜的事，把一塊現成的、完完整整的生活原封不動地移到紙上，就成了一篇小說。從眼中所見的生活到表現到紙上的生活，總是要變樣的。

汪曾祺的女兒在〈老頭兒汪曾祺〉中印證了這個初戀的故事的存在：

爸爸在文章中說過，他十七歲初戀，當時正在江陰上高中。暑假裡，在家中寫情書，他的父親還在一旁瞎出主意。此人姓甚名誰，不清。好像是他的同學，但是十七歲畢竟年齡還小一點，此事未成也在情理之中。不過，到了晚年，爸爸有時還流露出對那段時光的珍惜。初戀總是難忘的。

據一些學者考證，〈受戒〉中小英子的生活原型大英子姓王，家住高郵北鄉庵趙莊，即現在的昌農村。一九三七年，日本人佔領了江南，江北告急。正讀高中二年級的汪曾祺不得不告別南菁中學，並輾轉借讀於淮安中學、私立揚州中學以及鹽城臨時中學，這些學校的教學秩序都因戰爭而打亂。汪曾祺就這樣勉強讀完中學。後戰事日緊，汪曾祺隨祖父、父親到離高郵城稍遠的一個村莊的小庵裡避難半年，即小說裡的荸薺庵。汪曾祺後母任氏生下了弟弟海珊。因無人看護，汪曾祺的姑母找到佃戶大英子家，將十八歲的大英子「請」到了汪家專門帶海珊。大英子年輕貌美，做起事來地道、勤快。從那時起直到汪曾祺外出求學，他與大英子的交往接觸，在他們內心深處都留下了美好的回憶，大英子收留並珍藏汪曾祺少年時期的一張照片，直到晚年。這個模模糊糊的故事並不能到汪曾祺的小說中去一一落實，從生活到小說一定發生了許多次變樣，而小說也完全沒有必要去這樣尋找蛛絲馬跡。汪曾祺關於〈受戒〉曾說過一句話：「我寫的是美，是健康的人性。」這也看作是寫小英子的最大動力。四十三年過去了，生活發生了諸多改變，朦朦朧朧的初戀已經物是人非，唯有美和健康的人性是不變的。汪曾祺一直強調自己作品的內在情緒是快樂的，他說：「我們有過各種創傷，但是我們今天應該快樂。一個作家，有責任給予人們一份快樂。」

汪曾祺個人的曲折經歷讓這種變創傷為快樂的創作追求看起來另有一番況味，讀書寫字幾乎就是文人生活的全部，無論命運如何浮沉，寫作都是瞭解汪曾祺生活的一條主線。他年少時代受家庭影響，詩詞書畫都通，尤其受到父親的影響，在汪曾祺的文章〈多年父子成兄弟〉，他印象中的父親是個絕頂聰明的人，他會刻圖章，畫寫意花卉，會擺弄各種樂器，彈琵琶，拉胡琴，笙簫管笛，無一不通。日常生活中也是一個極有趣的人，他養蟋蟀，養金鈴子。他養過花，他心靈手巧會做皮衣，做的皮衣能分得出小麥穗、羊羔、灰鼠、狐膁。父親是個很隨和的人，很少發脾氣，對待子女，從無疾言厲色，他愛孩子，喜歡孩子，愛跟孩子玩，幾乎就是個「孩子頭」。汪曾祺脾性和生活態度延續了父親的血脈，一份童真的心情，有舊式文人的閒適性情。及至讀書時代，一個人離家求學，趕上戰爭輾轉到西南聯大讀書，即使是在頭頂上轟隆隆的爆炸聲中，名垂一線，他記起的都是一些讓人快樂的事情：滔滔不絕講課而被警報打斷的老師、在跑警報的路上按邏輯學原理尋找金子的研究生、借著跑警報的時間談戀愛的青年男女……這些飄渺的往事帶著淡淡的悲傷，十足的樂觀和沖淡的心情。

在西南聯大的時候，汪曾祺的老師都是現代文學史上的名人，如朱自清、徐志摩、沈從文、聞一多等，他主要師從沈從文，頗受沈從文器重，他當時寫的小說習作偏現代派，注重探討人生的荒誕感，如〈小學校的鐘聲〉、〈老魯〉、〈復仇〉，並且已經小有文名。即使是在現代派的外衣下，依然可以看到汪曾祺快樂的內核，〈老魯〉的開篇就是：「去年夏天我們過的那一段日子實在很好玩。我想不起別的恰當的詞兒，只有說它好玩。」

新中國成立後，汪曾祺人到中年，和當時的文人一樣遭遇了文革，不過荒誕的是，在文人們狼狽不堪的時候，他卻被江青看重，並領命寫樣板戲《沙家浜》，成為當時為數不多的文化紅人之一。文革後，因為受到江青的重用，他又受到了長時間的審查，此後汪曾祺寫出〈受戒〉、〈大淖記事〉、〈故里三陳〉等小說，一時間成為最炙手可熱作家。沉浮的人生往往會格外珍惜生活中安穩和恒常的部分，也會認同現實和市井的部分，才不會讓唯美走到虛空的部位去。

汪曾祺小說中的少女無論如何純美，都帶著生命本身的煙火氣息，汪曾祺寫過一篇小散文〈大蓮姐姐〉，這個大蓮姐姐是他幼年時期的保姆，是他母親從娘家帶過來的使喚丫頭，跟隨他母親到了汪曾祺家，這個小姑娘在汪曾祺上小學後，辭了事離開王家，她的故事看起來不那麼美好和詩意，但卻帶著活力和一種內在快樂：

> 她好像在別的人家做了幾年。後來，就不幫人，住在臭河邊一個白衣庵裡。她信佛，聽我姐姐說，她受過戒。並未剃去頭髮，只在頭頂上剃了一塊，燒的戒疤也

少，頭髮長長了，攏上去，看不出來。她成了個道婆子。我們那裡有不少這種道婆子……我放學回家，路過白衣庵，她有時看著我走過，有時也叫我到她那裡去玩。她後來又和同善社、「理教勸戒煙酒會」的一些人混在一起。我們那裡沒有一貫道。如果有，她一定也會入一貫道的。她是什麼都信的。

大蓮姐姐是現實生活中的高郵少女，她和明海一樣信佛，受戒，後來成為道婆子，生活無論怎麼變幻，都沒有驚動她的內心世界，她依然沉浸在生活中，什麼都信，也就是什麼都不信，生活成為最大的哲學。不同於文學形象中的知識分子和受苦受難的底層人民，她的信仰是生活，生活給予什麼就地接受什麼。

除了生命本身的健康和茁壯外，她們還是沒有被所謂文明世界所沾染的人，那個世界的規則約束不著她們鮮活的生命機體，如〈大淖記事〉裡的十五歲的巧雲，長成了一朵花，瓜子臉，一邊有個很深的酒窩，眉毛黑如鴉翅，長入鬢角，眼角有點吊，是一雙鳳眼，睫毛很長，因此顯得眼睛經常是眯欷著；忽然一回頭，睜得大大的，帶點吃驚而專注的神情，好像聽到遠處有人叫她似的。這個女孩子的形神情和像很容易讓人聯想起《邊城》裡的翠翠，她們都是嫡生的姐妹，自然的女兒。巧雲的生活轉折是被人強行破了身，這種事情往往都是主人公命運的轉捩點，她痛恨那些惡棍，也只是說了一句後悔「沒有把自己交給了十一子！」她的世界裡沒有悲不欲生，跳水自殺，封建主義的貞操觀完全不是這裡的規則，因為這裡一切和其他地方是不一樣的。正如小說裡所描寫的：「他們的生活，他們的風俗，他們的是非標準，倫理道德觀念和街裡的穿長衣念過『子曰』完全不同。」這裡人家的婚嫁極少明媒正娶，花轎吹鼓手是掙不著他們的錢的。媳婦，多是自己跑來的；姑娘，一般是自己找人。他們在男女關係上是比較隨便的。這個世界和沈從文所塑造的湘西世界有相通的地方，就是沈從文所發現的——這地方（湘西）到處都是活的，到處都是生命……比我們明白生命的價值，生活得比我們得法，他們身心都十分健康。

雨巷裡的丁香姑娘
戴望舒

現代文學中耳熟能詳的詩歌中必定有戴望舒的〈雨巷〉，它滿足了很多男人對溫婉憂鬱女生的想像，古典雅靜的意境，在以不破不立為準則的現代文學草創期間，一個回馬車的停頓醉倒了多少少男少女的心緒。施蟄存在他主編的《現代》雜誌上高度評價望舒的詩說：「戴望舒先生的詩，是近年來新詩壇的尤物。凡讀過他的詩的人，都能感到一種特殊的魅惑。這魅惑，不是文字的，也不是音節的，而是一種詩的情緒的魅惑。」戴望舒因這首魅惑十足的詩歌而擁有了「雨巷詩人」的美稱，一舉成名天下知的威力。

愛情是詩歌的繆斯，詩歌裡的撐著油紙傘的姑娘，說起來還是一段顛沛流離的舊時光。據戴望舒的長女戴詠素說：

我表姐認為，施絳年是「丁香姑娘」的原型。施絳年雖然比不上我媽以及爸爸的第二任太太楊靜美貌，但是她的個子很高，與我爸爸一米八幾的大高個很相配，氣質與〈雨巷〉裡那個幽怨的女孩相似。

施絳年是著名現代派作家施蟄存的妹妹，施蟄存與在上海文學界的穆世英、劉吶鷗等新的開創了最早的海派文學，又稱心理分析小說或新感覺派小說。這一文學派別對於當時的文學是閃亮絢麗的一筆，夜上海的冒險家樂園被充分地文學化和符號化，物慾與都市景觀統領了文學的院落，與京派以及左翼文學幾乎可以並行而立。施蟄存主編《現代》雜誌，是文學界頗有威望和眼光的編輯，他交遊廣泛，無論創作還是編輯都是佼佼者。施蟄存在現代文學史上擁有很高的地位，不過後來因為讀不讀古書的問題與魯迅出現分歧，即魯迅與施蟄存關於是否要讀《莊子》與《文選》的爭論，魯迅以刻薄的文筆稱施蟄存是「洋場惡少」，施蟄存也對魯迅有不敬之語，因「洋場惡少」這個命名，施蟄存幾十年吃盡了苦頭，一度銷聲匿跡，魯迅也不過是意氣使然，然而詞語的威力所及已經不是說話者自己所能掌控的，這番後事也許是誰都所始料不及的。施蟄存是發現和推崇戴望舒才華的編輯之一，才子之間惺惺相惜的友情使得兩個人走得很近，得此因緣戴望舒邂逅施蟄存的妹妹施絳年。

戴望舒是在一個小康家庭中成長起來的，父親戴立誠原是北戴河火車站的普通職員，後任中國銀行職員，母親卓佩芝出身於書香門第，諳熟文學掌故，從小就給天資聰明的戴望舒講故事，說人物，在母親的啟蒙下，戴望舒萌發了對文學的最初興趣。平靜快樂的童年生活被一場天花打亂了，戴望舒的臉上落下了瘢痕，雖然遠看並不是很清晰，但在自尊敏感的少年看來已經是深入內心的創傷，生理上的缺陷往往成為小孩子之間嬉鬧時的無心傷害，這對他的心靈造成了一片片隱形的傷害。最不能理解的是，在戴望舒已經小有名氣的青年時代，這個生理缺陷依然是周圍人談笑的材料，也許是朋友兄弟之間無心的笑鬧，也許是他們太想和戴望舒拉近一些，可這些都成了戴望舒紓解不開煩擾，比如戴望舒的中學同學張天翼在《北斗》雜誌上發表一篇題為〈豬腸子的悲哀〉的小說，據說素材之一就是戴望舒的生理缺陷。詩人紀弦在紀念戴望舒逝世四十周年的文章中寫過一件事，一群朋友在新雅粵菜館，結賬時，戴望舒說：「今天我沒帶錢。誰個子最高誰付賬，好不好？」紀弦是最高的，紀弦便說：「不對，誰臉上有裝飾趣味的誰請客。」裝飾趣味不就是麻子嗎？引起在座人的哄堂大笑。戴望舒一直把自己視為一個需要正名的人，一個被生理缺陷困擾的人總會有一種補償心態，需要一個強有力的技能來填補這份巨大的失落，詩歌就是戴望舒重建自我信念的一個選擇。

勤奮而天資聰穎的戴望舒，很快走進了文學的殿堂，獲得自己的聲名與自信，一九二三年進入上海大學中國文學系，一九二五年轉入上海震旦大學學習法文，並於翌年就讀於該校法科。一九二六年春，開始在與施蟄存合編的《瓔珞》旬刊上發表詩歌。

和詩歌一同降臨的還有一個美麗的身影，他愛上了施蟄存的妹妹施絳年。施絳年究竟是怎樣一位少女，已經很少有資料詳細記錄，戴望舒的詩〈我的戀人〉寫的就是這位少女：

我將對你說我的戀人，
我的戀人是一個羞澀的人，
她是羞澀的，有著桃色的臉，
桃色的嘴唇，和一顆天青色的心。

她有黑色的大眼睛，
那不敢凝看我的黑色的大眼睛
不是不敢，那是因為她是羞澀的，
而當我依在她胸頭的時候，

你可以說她的眼睛是變換了顏色，
天青的顏色，她的心的顏色。

她有纖纖的手，
它會在我煩憂的時候安撫我，
她有清朗而愛嬌的聲音，
那是只向我說著溫柔的，
溫柔到銷熔了我的心的話的。

她是一個靜嫻的少女，
她知道如何愛一個愛她的人，
但是我永遠不能對你說她的名字，
因為她是一個羞澀的戀人。

這個羞澀的戀人，其實並不像詩人描寫的那樣，施絳年那年只有十八歲，正是青春年少、含苞欲放的年紀，個性活潑開朗帶著少女特有的頑皮，經常穿梭在這些詩人中間，又具有濃厚的文學興趣，戴望舒於是悄無聲息地愛上了她。剛開始，戴望舒還只是將她視作自己的小妹妹，一群男人周圍活躍著蝴蝶一樣的少女，跑來跑去，施絳年受其兄長的影響，對於文學也很喜愛，對剛才文壇嶄露頭角的戴望舒多少也帶著崇拜和敬仰之心吧。也許是太過寂寞，女人的溫情被過分放大了，詩人個性的火熱與閃電把愛情詮釋得激烈而強悍，戴望舒突然發現已經愛上了這個少女，沒有餘地，他茶飯不思，神魂顛倒。不過愛情的另一方施絳年，卻並不以為意，她在感受到戴望舒灼熱的深情時，只是表現出了女孩子的羞澀和迴避，這也許才是戴望舒在〈我的戀人〉中一直強調她是個羞澀的戀人的緣故吧。戴望舒一定是誤解了這種羞怯，其實是施絳年在婉轉地拒絕他。戴望舒的童年經歷使得他的性格嚴肅有餘開朗不足，何況還有麻子臉的瑕疵，自卑與驕傲混雜在一起，完全不具備讓女孩子為之傾倒的條件。但他是哥哥最好的朋友，施絳年的羞澀是在委婉地拒絕禮節性地回答，在愛玩的女孩子來看，多一個朋友也是無所謂的事情。

戴望舒卻是急於表白，一九二九年四月一日，戴望舒的第一本詩集《我底記憶》出版了，詩人把愛銘刻在自己的作品上，詩的扉頁印上了A.Jeanne，諧音就是給絳年。扉頁上還有兩行古羅馬詩人提布盧斯（Albius Tibullus）的拉丁文詩句。

願我在最後的時間將來的時候看見你
願我在垂死的時候用我的虛弱的手把握著你

愛的火焰迅速蔓延成漫天火舌，漫出了小小的內心宇宙，戴望舒以詩人特有的方式把自己對絳年的感情公開了，把自己痛苦的靈魂呈現出來了。施絳年對戴望舒寫的詩並不以為意，這些帶著詩人滾燙心情的詩句，並沒有喚起她的內心的漣漪。對於戴望舒急切的進攻，施絳年的無動於衷開始轉變為拒絕，她多麼希望他知難而退，不去破壞朋友之間的關係，始料未及的是，反而使得性格本身自卑，容易走進死胡同的戴望舒更加用力去愛，當時的好多詩歌都充滿了對愛情不得的痛苦鬱悶，如〈山行〉、〈十四行〉、〈回了心兒吧〉、〈路上的小語〉、〈林下的小語〉，幾乎每一篇都有失戀的「絳色沉哀」。戴望舒甚至為了排遣遭受拒絕的內心鬱積，與新感覺派的文朋詩友們一起去嫖妓，寫下了〈百合子〉、〈八重子〉、〈夢都子〉、〈老之將至〉記錄了他的沉淪與頹廢。直到有一天戴望舒終於無法忍受這戀愛的折磨，他用跳樓自殺來向絳年求愛。

這些過分激烈的行為，讓施絳年大為驚訝，使得她不得不嚴肅考慮這份感情，但是她很清楚自己頑固地不愛他。對於一個剛剛成年的女孩，家人的意見很重要，哥哥不用說是站在戴望舒一邊，父母先是不肯同意，後來在戴望舒父母提親後，也被漸漸說服，結果就是施絳年在合力攛裹下勉強答應與他先訂婚，但隨後她又提出一個條件，戴望舒必須出國求個學位，回來有個穩定收入才可。此時的戴望舒就是上刀山下火海都肯應允，何況去法國也是增長見識的機遇，被愛神眷顧的戴望舒，於一九三一年九月，跟施絳年舉行了訂婚儀式，隨後踏上了赴法的「達特安」號郵船，帶著愛人的期望和夢想，踏上一段陌生之途。戴望舒在日記中寫道：

船啟航之前的那段時間簡直難以忍受。絳年哭著。我擲了一張紙條給她，喊著：絳，別哭。但是它被風刮到水裡。絳年追奔著，沒有抓到它。當我看到飛跑般的她時，再也抑制不住自己的淚水了。

這個分別的鏡頭，特別像徐志摩與林徽因在北京火車站分別的情景，戴望舒只記住了當時的心痛，卻沒有料到是永遠的分別，徐志摩是完全明瞭未來的心態下與自己摯愛的林徽因分別的。當時有一段時間，林徽因在梁思成與徐志摩之間徘徊過猶豫過，在著名詩人泰戈爾訪華期間，與徐志摩三人同進同入，度過了人生中難得的一段相伴歲月，也正是在這段看似快樂的日子裡林徽因經過慎重考慮，明確了自己的心意。林徽因說從此與徐志摩「分定了方向」，「各認取個生活的模樣」。於是，徐志摩和泰戈爾離開北京前往太原，然後赴香徐志摩隨行陪同，而林徽因、梁思成和許多人一起到車站送行。徐志摩在車廂裡看著前來送行的林徽因，心裡痛苦至極，想到此去各分東西，相見無期，他急忙掏出紙筆。在火車開動前寫一封信交給林徽因：

我真不知道我要說的是什麼話，我已經好幾次提起筆來想寫，但是每次總是不成篇。這兩日我的頭腦總是昏沉沉的，開著眼閉著眼只見大前晚模糊的月色，照著我們不願意的車輛遲遲的向荒野裡退縮，離別！怎麼的能叫人相信？我想著了就要發瘋：這麼多的絲，誰能割的斷？我的眼前又黑了……

但書未竟而車已行，那封信隨風飄散到廣袤的天空中，徐志摩痛哭失聲。

兩位詩人的愛情都是一種得不到的愛戀，重新回憶這個離別的鏡頭才能體會那種愛的無常與心酸，正像泰戈爾對徐志摩和林徽因的愛情所感歎的：

天空的蔚藍愛上了大地的碧綠

他們之間的微風歎了聲「哎」！

在三年苦苦難捱的留學生活中，戴望舒幾乎日夜思念遠在中國的施絳年，〈見毋忘我花〉、〈微笑〉、〈霜花〉等都包含著濃得化不開的思念和眷戀。而身在國內的施絳年此時已經愛上了別人，戴望舒有時好久收不到施絳年的信，也通過一些渠道聽到了風聲，覺察出了施絳年的冷淡。而為了不給遠在海外的詩人增添苦惱，施蟄存和其他國內親友一直瞞著詩人。等他寫信詢問時，施蟄存只說：「絳年仍是老樣子，並無何等惱怒，不過其懶不可救而已。」

一九三五年五月，戴望舒回到了上海，得知已在郵電部門當職員的施絳年真的愛上了一個冰箱推銷員，當年冰箱推銷員是個比較時髦的行業，發展前景也比較看好。這個故事從戴望舒的角度來看，是一個背叛的故事，顯然很多人也是站在他一方的，但施絳年沒有絲毫鬆懈，雖然遭到家庭和社會的巨大壓力，義無反顧地選擇了與推銷員在一起。提及這個故事，很多人都會對施絳年的實利頗有微詞，而幸福與否，只有她一人身在其中。施絳年的後事如何，並無多少文字記載，唯一奪目的是她和自己選擇的愛人終身相守，這讓所有人都可以閉上議論的嘴巴。

痛苦又氣憤的戴望舒，當眾抽了施絳年一耳光，然後登報解除婚約，結束了為期八年之久的苦戀。自小長相上的缺陷本就讓他自卑，愛的女人跟別人跑了更讓他的自尊受到打擊，但他內心依然深愛著絳年，於是很長一段時間裡，戴望舒的生活和心情都陷落在絕望中。好心的朋友們都想讓戴望舒趕緊從這種狀態中擺脫出來，最起勁的應該是小說家穆時英，也是施蟄存的好朋友，氣不過施絳年的移情別戀，便對戴望舒說：「施蟄存的妹妹有什麼了不起，我的妹妹比他的妹妹漂亮多了，你要不要見見？」戴望舒應該是可有可無的心態，不過真見到穆時英的妹妹穆麗娟時，他還是意外了一下。穆麗娟性格溫柔，長相清麗大方，比施絳年綽綽有餘。穆麗娟學歷不高，但卻非常喜歡文學，很喜歡讀一些鴛鴦蝴蝶派的小說，對詩人更是仰慕萬分。她讀過戴望舒的詩，又見到真人還能成為朋友，讓穆麗娟很興奮，崇拜與愛慕之間的界限輕而易舉地打破了，兩人幾乎沒有多少波折就戀愛了。戴望舒迅速愛上穆麗娟，不管後來究竟如何，開始的動機肯定有忘記施絳年的成分。兩人熟悉之後，穆麗娟被戴望舒邀到家裡，在戴望舒江灣公寓的租屋裡，穆麗娟常常幫戴望舒抄稿到深夜，舉案齊眉，琴瑟相和的情調慢慢撫平了戴望舒的情傷。

一九三六年，瓜熟蒂落，戴望舒在上海四川路的新亞飯店，與穆麗娟舉辦了隆重的婚禮，婚後孩子很快來臨，平添了幾分和樂。甜蜜總難持久，憂愁重新光顧了詩人，穆麗娟發現詩人的生活並不浪漫，戴望舒每天就是看書讀書，性格刻板，對她缺少言語上熱情與溫存。二十歲還不到穆麗娟，帶著個孩子，整日與忙忙碌碌的戴望舒在一起，很不適應這種無趣的生活。這些如果是凡庸生活本身的煩惱的話，讓穆麗娟更感不快的是，戴望舒對施絳年的難以忘情。穆麗娟曾經控訴戴望舒冷淡她，不與她說話交流，當她是個局外人。

穆麗娟晚年時依然對戴望舒耿耿於懷。她說：「他對我沒有感情，他的感情完全給了施絳年去了。」事情的導火索是戴望舒的〈有贈〉被電影《初戀》改編為主題歌，廣為傳唱。一九三八年四月由藝華影業公司出品，劉吶鷗編劇，徐蘇靈導演的電影《初戀》上映，改影片講述了一個初戀的傷情故事，被左翼電影運動稱為「軟性電影」愛情題材影片的代表作。〈初戀女〉寫的詞：

> 你牽引我到一個夢中，我卻在別的夢中忘記你，現在就是我每天在灌溉著薔薇，卻讓幽蘭枯萎。

這首歌的廣為傳唱讓穆麗娟很傷懷。用戴望舒外甥女鍾萸的話說，穆麗娟認為幽蘭是指施絳年，戴望舒仍然愛著施絳年，他認為穆麗娟是薔薇，有刺的，這讓穆麗娟極為尷尬和傷心，矛盾和嫌隙已經擴大。戴望舒很難忍受第二次情傷，為防止穆麗娟離開自己，暫居香港期間，穆麗娟的哥哥穆時英在上海四馬路被國民黨特務刺殺身亡，戴望舒阻止穆麗娟回上海奔喪，而後穆麗娟的母親病逝，戴望舒隱瞞穆麗娟。後來穆麗娟悲憤至極，獨自攜女回到上海，並決定離開戴望舒。戴望舒在香港寂寞的深夜，寫下了絕命書自殺，穆麗娟都再也沒有回頭。戴望舒自殺未遂，後來與一個比他小二十六歲的女子楊靜結婚，同樣的悲劇在重演，沒過幾年楊靜便棄他而去。

在戴望舒的生命中，這幾位女孩子都有著雨巷姑娘的影子，每一曲浪漫調子都悠揚過，每一首詩歌都見證了愛情，可是愛情成就了詩歌，詩歌反而不能成就愛情，她們戛然而止，無怨無悔，讓詩歌顏面掃地，直到戴望舒自殺身亡，再也沒有繼續下去的故事。

後記

大學畢業的第七年，我才加入匆匆忙忙的人群中，成為一個有了社會「身分」的人，工作著是美好的，彷彿再有多少不美好也不重要。平凡庸常生活的最大問題就是，時間的流逝和尋常的重複，無論如何這些都在慢慢腐蝕著信心和意志，讓一個人對文字和世界越來越疲憊，不知道什麼值得用筆去記錄，又能夠記下什麼。這樣的困惑埋在很多路口，時常要跳出來，挑釁你的忍受能力。

偶然看到導演賈樟柯的一段話：

跟任何一代導演一樣，我們都會衰老，都會或早或遲失去創造力。生命中引誘自己下沉、遊說自己放棄的另一個自己，日漸強大，青春歲月裡從未有過的身的疲憊和心的厭倦，也不時會襲來，而私慾也準備好它的理由，笑瞇瞇來到我們身邊。但對我來說，只要看到滿街如織的人群，我還有動心的剎那，這讓我想起最初拍電影的理由。

看到這段話的一個下午，正好路過徐志摩、陸小曼居住過的巨鹿路上的四明新邨。這個舊式的院落是一式的紅色的磚牆，兩層的房子，現在已經成為尋常百姓家，挑出牆頭來的衣服飄飄蕩蕩，穿街而過的小商販吆喝著，在門口打盹的老人安詳地享受著打在身上的太陽，被媽媽追著餵飯的小毛頭踉踉蹌蹌地跑到街上來，在牆角修自行車的工人一刻不得閒。這些都是讓人動心的剎那風景，雖然他們未必有誰會去在意那些時光裡的故事，可是兜兜轉轉的人生就是這樣提示著記憶和深情，平添了幾分溫情。曾經讓人街談巷議的瑣碎往事，那些在時光裡慢慢陳舊的故事，還是會在報章雜誌上出現，這些人的故事當然包括陸小曼，這位民國時期最美麗的女人之一，曾經多麼鮮活美好，她的驕奢與美麗密不可分，點綴著那個叫做民國的時代，因為隔著山隔著水隔著長長的時間，我們會忘記道德的點評，只記得那些美好。

美好當然有很多面孔。二〇〇九年的夏天，在《收穫》雜誌上看到了嚴平的專欄，裡面提到了好多少女，這是一個行走在路上的青春群體——北平學生移動劇團，這個團體裡有著名的張氏三姐妹（張瑞芳、張楠、張昕），還有其他幾個同樣熱血的小姐妹，這滿足了我少女時代未能實現過的流浪的夢想，他們在年少的時候離開家庭的繈褓，到戰火中去，他們一路抗日宣傳，她們有自己的理想和熱情，有大智大愛，也有自己的小情小愛，他們和一個叫做中國的龐大國土緊密聯繫著，她們用腳步一寸一寸撫摸著廢棄的國土。對於他們來說，無窮的遠方，無盡的他人都是和我有關的。在追隨他們身影的過程中，我甚至想到了一個在中國歷史上背負罵名的女人——江青，在她還是藍蘋的時候，不也是一個千里迢迢、漫漫征程中奔赴聖地的女孩子嗎？後來的歷史可以完全改變一個人，而青春是任誰都不能否定它的單純與理想的。離開一段距離看，這些女孩子之間有著這樣那些的關係，或許永遠都沒有瓜葛的女孩子們，但他們都屬於一個時代，那個時代產生了太多故事，不都是成功者的故事，不都是勝利者的故事，在每一個人生可能的走向裡，都有她們的背影，惟其如此，才能被叫做大時代。

對陳年往事的每一次翻閱都是為了現在的自己，還在繼續閱讀馮沅君、廬隱、丁玲、楊沫們揭竿而起的豪情，還在繼續聽張愛玲、蕭紅不死的傳說，看到被歷史湮沒的文書新寫的日記，一個山西少女寫給巴金的信，看到那些重新浮出地表的深情，有時候常常自問，還能為青春做點什麼？看著這些民國少女們雀躍的身影，想著她們如煙的往事，我想那個叫做青春的東西的確從來沒有死去過。

釀文學55　PC0197

少女革命
——民國才女的少女時代

作　　者　項　靜
主　　編　蔡登山
責任編輯　林泰宏
圖文排版　張慧雯
封面設計　陳佩蓉

出版策劃　釀出版
製作發行　秀威資訊科技股份有限公司
114 台北市內湖區瑞光路76巷65號1樓
電話：+886-2-2796-3638　傳真：+886-2-2796-1377
服務信箱：service@showwe.com.tw
http://www.showwe.com.tw
郵政劃撥　19563868　戶名：秀威資訊科技股份有限公司
展售門市　國家書店【松江門市】
104 台北市中山區松江路209號1樓
電話：+886-2-2518-0207　傳真：+886-2-2518-0778
網路訂購　秀威網路書店：http://www.bodbooks.com.tw
國家網路書店：http://www.govbooks.com.tw
法律顧問　毛國樑　律師
總 經 銷　聯合發行股份有限公司
231新北市新店區寶橋路235巷6弄6號4F
電話：+886-2-2917-8022　傳真：+886-2-2915-6275

出版日期　2012年01月　BOD一版
定　　價　280元

Printed in Taiwan

國家圖書館出版品預行編目

少女革命：民國才女的少女時代 / 項靜著. -- 一版. -- 臺北市：釀出版, 2012.01
面； 公分. --（釀文學；PC0197）
BOD版
ISBN 978-986-6095-72-6（平裝）

1. 女性傳記 2. 中國

782.228 100024878

讀者回函卡

感謝您購買本書，為提升服務品質，請填妥以下資料，將讀者回函卡直接寄回或傳真本公司，收到您的寶貴意見後，我們會收藏記錄及檢討，謝謝！

如您需要了解本公司最新出版書目、購書優惠或企劃活動，歡迎您上網查詢或下載相關資料：http:// www.showwe.com.tw

您購買的書名：＿＿＿＿＿＿＿＿＿＿＿＿＿＿＿＿＿＿＿＿

出生日期：＿＿＿＿年＿＿＿＿月＿＿＿＿日

學歷：□高中 (含) 以下　□大專　□研究所 (含) 以上

職業：□製造業　□金融業　□資訊業　□軍警　□傳播業　□自由業

　　　□服務業　□公務員　□教職　□學生　□家管　□其它＿＿＿

購書地點：□網路書店　□實體書店　□書展　□郵購　□贈閱　□其他

您從何得知本書的消息？

□網路書店　□實體書店　□網路搜尋　□電子報　□書訊　□雜誌

□傳播媒體　□親友推薦　□網站推薦　□部落格　□其他＿＿＿＿＿

您對本書的評價：(請填代號　1.非常滿意　2.滿意　3.尚可　4.再改進)

封面設計＿＿　版面編排＿＿　內容＿＿　文／譯筆＿＿　價格＿＿

讀完書後您覺得：

□很有收穫　□有收穫　□收穫不多　□沒收穫

對我們的建議：＿＿＿＿＿＿＿＿＿＿＿＿＿＿＿＿＿＿＿＿

＿＿＿＿＿＿＿＿＿＿＿＿＿＿＿＿＿＿＿＿＿＿＿＿＿＿＿

＿＿＿＿＿＿＿＿＿＿＿＿＿＿＿＿＿＿＿＿＿＿＿＿＿＿＿

＿＿＿＿＿＿＿＿＿＿＿＿＿＿＿＿＿＿＿＿＿＿＿＿＿＿＿

請貼
郵票

11466
台北市內湖區瑞光路 76 巷 65 號 1 樓
秀威資訊科技股份有限公司 收
BOD 數位出版事業部

(請沿線對折寄回，謝謝！)

姓　　名：________________　年齡：________　性別：□女　□男

郵遞區號：□□□□□

地　　址：________________________________

聯絡電話：(日)________________ (夜)________________

E-mail：________________________________